惠园博士文库
对外经济贸易大学资助出版

跨国公司海外投资、利润转移与跨境避税分析

张晓燕　**著**

对外经济贸易大学出版社
中国·北京

图书在版编目（CIP）数据

跨国公司海外投资、利润转移与跨境避税分析 / 张晓燕著. —北京：对外经济贸易大学出版社，2023.11

（惠园博士文库）

ISBN 978-7-5663-2550-1

Ⅰ. ①跨… Ⅱ. ①张… Ⅲ. ①跨国公司–对外投资–避税–研究 Ⅳ. ①F276.7②F810.42

中国国家版本馆 CIP 数据核字（2023）第 212374 号

跨国公司海外投资、利润转移与跨境避税分析

张晓燕 著

责任编辑：王延新

出版发行：对外经济贸易大学出版社	邮政编码：100029
社　　址：北京市朝阳区惠新东街 10 号	邮购电话：010－64492338
网　　址：www.uibep.com	发行部电话：010－64492342
资源网址：www.uibepresources.com	E-mail：uibep@126.com

成品尺寸：170mm×240mm	印　　刷：北京九州迅驰传媒文化有限公司
印　　张：9.75	版　　次：2023 年 11 月北京第 1 版
字　　数：164 千字	印　　次：2023 年 11 月第 1 次印刷
ISBN 978-7-5663-2550-1	定　　价：49.00 元

序言

PREFACE

张晓燕是我独立指导的第一名博士研究生，于 2013 年 6 月至 2018 年 6 月在对外经济贸易大学西方经济学专业就读。2023 年 3 月，她的毕业论文《跨国公司海外投资、利润转移与跨境避税分析》，荣获对外经济贸易大学优秀博士学位论文出版资助，晓燕第一时间就把这一喜讯向我通报并委托我为本书作序。下面，我先为大家介绍本书的主要内容，然后为大家介绍本书的作者——晓燕。

《跨国公司海外投资、利润转移与跨境避税分析》（以下简称该文）讨论了三个问题。第一，跨国公司海外投资选址及其市场进入模式选择受到哪些因素的影响。第二，政府之间对外资进行的税收竞争对于社会福利是否有益。第三，跨国公司如何在全球范围内进行利润转移从而达到跨境避税的目的，以及政府怎么应对由此带来的税基侵蚀等问题。它们是国际贸易和公共经济学交叉领域已经研究或正在关注的核心问题。关于它们的研究，对吸引和利用外资，以及中国企业“走出去”战略具有重要意义。

关于该文要回答的前两个问题，无论从理论还是经验维度，前人都进行了大量研究。但是，晓燕还是找到两个新的切入点并进行了深入的探索。她讨论了战略性经营者激励选择对于跨国公司市场进入模式选择的影响。她也在纵向市场关系的背景下，讨论了跨国公司的投资选址决策，以及政府之间对于外商直接投资（Foreign Direct Investment，FDI）竞争所产生的福利后果。而上述第三个问题，越来越受到国际贸易和公共经济学交叉领域研究的瞩目，国内对此的研究在当时可以说是一片空白。该文分析了全球利润转移和跨境避税动机对跨国公司海外投资选址决策的影响，政府为保护税基而实行的公平交易原则的有效性，以及常见的两种跨国公司税基分摊机制的利弊。

同时，该文所作研究也具有显著的现实意义。如 2012 年，三星公司计划在中国投资 300 亿美元，建设电子闪存项目。西安市为了赢得该项目，比其他候选城市提供了更为丰厚的财政和行政支持，包括价值投资额 30%的巨额补贴，“10 免 10 减半”的公司所得税优惠，项目所需的 130 万平方米厂房由西安无偿代建、使用等。那么，各地政府为吸引外资进行的政策竞争是如何影响社会福利的？再如 2016 年，欧盟认识到爱尔兰与苹果（Apple Inc.）达成的税务安排，使该公司在 2003—2014 年这十多年间，欧洲业务利润的实际纳税率不到1%甚至趋于零。[①]我国作为世界重要的经济体之一，也面临严重的税基侵蚀问题。以上这些现象，正是该文研究在现实世界中的映照。

还需要特别指出的是，该文是为数不多的、高质量的、以应用微观理论方法写作的经济学博士学位论文。在当今这样一个经验研究盛行的时代，完成这样一篇论文并顺利达到毕业要求，是非常难得的。

总体来说，作为博士阶段学习、研究成果的总结，晓燕的论文选题新颖明确、研究思路清晰，熟练使用了非合作博弈论、产业组织领域的相关方法，对所研究的问题进行了深入的分析，通过严谨、充分的论证得到切实的结论，指出了它们的政策含义。该文行文流畅，说明晓燕不仅能够对于所研究的问题作出本质性的理解，也能够把它们用通俗易懂的方式加以表达。该文可成为相关领域专家、学者，博士、硕士研究生案头的参考读物。

从2013年7月开始指导晓燕进行博士研究生阶段的学习到现在，已近10个年头了。其间，我目睹了晓燕面对挑战、克服困难、不断成长，我由衷为她感到高兴。晓燕来自山东省德州乐陵市，2012年9月进入对外经济贸易大学西方经济学专业攻读硕士学位；2013年6月，通过硕博连读资格考试，进入该专业博士项目，在我指导下学习。晓燕在博士学习阶段接受了系统而严谨的高级经济学训练，具备了扎实的基本功，已培养出优秀的经济学素养。

与优异的学习能力相比，晓燕做人的品质也令人赞赏。她谦逊务实，没有太多天马行空的想法，对认准的事情，可以为之坚持不懈地努力。她性格温和真诚，虽然平时话不多甚至给人不善言辞的印象，但她是一个重情重义、淳朴善良、踏实厚道的姑娘。“先成人，后成才。”在我看来，她是个靠谱的人，为人处世值得信赖。

以上，在为大家介绍《跨国公司海外投资、利润转移与跨境避税分析》的主要内容和它的作者张晓燕时，我发自内心地感到高兴。我衷心地希望晓燕在未来的工作、学习和生活之中，身体健康！气度平和！取得新的进步！一定会的！

马　捷

2023年6月1日

① 信息来源：http://www.guancha.cn/economy/2016_08_30_372939.shtml。

摘要

ABSTRACT

跨国公司海外投资选址及其市场进入模式选择受哪些因素的影响？政府间对外资进行的税收竞争对社会福利是有益的吗？跨国公司如何在全球范围内进行利润转移从而达到跨境避税的目的？政府如何应对由此带来的税基侵蚀等问题？回答这些问题，是国际经济学和公共经济学中的一项重要使命，是中国企业“走出去”战略中的重要政策支撑，也正是本文研究的主要目的。

针对跨国公司海外投资选址与市场进入模式选择以及政府间对于 FDI 的竞争，无论从理论还是经验（实证）角度来说，都是一个很广泛的问题，与之对应的是大量纷繁复杂的过往文献。即便如此，本文依然找到两个新的切入点并进行深入研究。与前面两个问题不同，关于跨国公司利润转移及跨境避税，即便在国际学术领域，也都是新的课题，国内从经济学角度对此进行的研究更是非常匮乏。具体来说，本文研究包括以下几个方面。

第一，跨国公司投资选址及政府间对 FDI 的竞争分析。本文基于垂直相关市场（Vertically related market）的角度，分析了跨国公司投资选址决策以及政府间对 FDI 竞争的福利效应，关注一种并未受到以往文献重视的现象，即垂直相关市场中，有时企业会向其竞争对手购买非常重要的中间产品，这在汽车、计算机等行业中非常常见。

第二，跨国公司市场进入模式选择分析。跨国公司选择出口还是 FDI 的形式进入海外市场，以往文献皆是针对古典企业的分析。本文将针对所有权与经营权分离的现代企业进行讨论，研究战略性经营者激励选择对跨国公司市场进入模式选择的影响。

第三，跨国公司海外投资与利润转移分析。在各国税率差异化背景下，跨国公司在东道国投资建厂、设立子公司，不仅可以节省运输成本等贸易成本，还可以获得进行利润转移的机会。有鉴于此，本文将分析利润转移动机对跨国公司海外投资的影响。

第四，跨国公司转移定价与公平交易原则（The Arm’s Length Principle，ALP）分析。转移定价是跨国公司进行利润转移的重要途径之一。为了控制跨国公司利润转移与防止税基侵蚀，政府实施公平交易原则。然而，公平交易原则基于完全竞争市场的假设之上。在现实世界中，大多数市场是不完全竞争市场。在此背景下，本文将分析不完全竞争市场中，公平交易原则对于税基保护的有效性及其经济效应。

第五，跨国公司税基分摊机制分析：公式分摊法（Formula Apportionment，FA）是比独立交易法（Separate Accounting，SA）更优的选择吗？目前，国际上主流的跨国公司税基分摊机制主要是独立交易法与公式分摊法，欧盟及经济合作与发展组织以独立交易法为范本，公式分摊法则主要运用于美国、瑞士等联邦制国家。公式分摊法相对独立交易法是否更能有效保护税基，这也是本文要讨论的问题。

针对以上问题，本文的结论及创新点有以下几点。

第一，关于跨国公司选址及政府间 FDI 竞争的分析，在考虑垂直相关市场的背景下，跨国公司的投资选址取决于竞争效应、共谋效应以及政府补贴政策的共同作用。当两国非对称性较显著时，FDI 竞争将会提高社会福利，此时，税收竞争是更有利的；而当两国非对称性不显著时，FDI 竞争将会使社会福利降低，此时，税收协调是更有利的。

第二，关于市场进入模式选择的分析，本文表明，相对于所有权与经营权未分离的古典企业，两权分离产生的战略性效应，使所有权与经营权分离的企业在数量竞争时更倾向于选择 FDI，在价格竞争时更倾向于选择出口。

第三，关于跨国公司海外投资及利润转移的分析，本文发现，除了以往文献关注的跨国公司海外投资动机外，利润转移也是跨国公司进行海外投资的重要动机。跨国公司通过操纵内部转移价格，将利润从高税率国家转移至低税率国家，从而最小化全球税负。

第四，关于跨国公司转移定价与公平交易原则的分析，在不完全竞争市场（寡头/垄断）中，公平交易原则有可能给一国税基及社会福利带来负面影响；国内产业政策与国际税收规则的协调会提高公平交易原则税基保护的有效性。

第五，关于独立交易法与公式分摊法的分析，本文认为，在不完全竞争市场中，由于转移定价的战略性效应，公式分摊法可能促使跨国公司选择偏离边际成本更大幅度的转移价格，并不一定能够完全保护税基。

关键词：海外投资，市场进入模式，转移定价利润，转移公平交易原则

目 录
CONTENTS

第1章 导 论

1.1 研究背景

跨国公司作为经济全球化的重要形式，一直以来受到学界的广泛关注。过去几十年以来，跨国公司进行了大量的对外投资以进入海外市场，或者获取当地丰富的自然资源、廉价的劳动力等。外商投资不仅可以拉动当地经济增长、促进就业，还可能带来技术溢出等收益，因此，各国（或地区）积极参与 FDI 竞争。如 2012 年初，三星在中国投资建厂得到韩国政府的审批，计划在中国三期投资 300 亿美元设立三星电子闪存项目。作为“改革开放后中西部地区最大的外资项目”，也是三星电子迄今为止最大的一笔海外投资，这对国内任何一座城市都产生了巨大的吸引力。国内大量城市，如北京、重庆、西安等都加入争夺该项目的行列。最终，西安脱颖而出。据报道，为了赢得该投资项目，西安高新区对投资方表现出极大的诚意——相比其他候选城市提供“更多的财政和行政支持”，包括对项目投资额进行 30%的巨额财政补贴，“10 免 10 减半”所得税优惠，项目每年补贴水、电、绿化、物流费用 5 亿元，项目所需 130 万平米厂房由西安代建并无偿提供土地及建筑，且为项目修建高速公路、地铁等交通设施和生活配套等。《韩国时报》的报道也表示，“北京是芯片厂的候选城市之一，但三星已选择在西安投资，以吸引更多的财政和行政的支持”。2014 年 5 月 9 日，三星（中国）半导体有限公司在西安举行竣工典礼，标志着三星高端闪存芯片正式开始量产。

体量巨大的三星闪存芯片项目，自然会带来就业机会、可能的产业链投资及其他好处。但另一方面，西安高新区在获得如此巨大的投资、整座城市付出大量土地和财政支出后，能否得到实质性回报？跨国公司海外投资选址受哪些因素的影响？这正是本文关注的问题。

跨国公司进行海外投资，除了以上我们熟知的动机外，在世界各国企业所得税率不同的背景下，跨国公司还可以通过海外投资，将处在高税率国家的关联企业利润转移至处在低税率国家的关联企业，从而进行跨境避税。近年来，跨国公司通过利润转移进行跨境避税的问题引起了广泛关注。如 2016 年 8 月，欧盟认为爱尔兰与苹果达成的税务安排使该公司在 2003—2014 十多年里，就其欧洲利润的实际纳税率不到 1%甚至趋于零，因此，苹果需补缴 130 亿欧元的税款。我国作为世界重要的经济体之一，也面临严重的跨国公司利润转移与税基侵蚀等问题。2017 年 1 月，苏州希捷工厂的关闭与此有关。

跨国公司进行跨境避税的一个重要手段是通过转移定价进行利润转移。2013 年，经济合作与发展组织（Organization for Economic Co-orperation and Development，OECD）发起的旨在改革全球国际税收规则体系的“税基侵蚀和利润转移行动计划”将转移定价列为重点内容。跨国公司的转移定价行为，不仅有悖于市场公平竞争原则，也会使较高税率国家的税基受到严重侵蚀。为此，各国政府实施公平交易原则以保护税基。公平交易原则基于完全竞争的假设，然而现实世界中，绝大多数市场都是不完全竞争市场。在这种背景下，公平交易原则对跨国公司行为产生何种影响，税基保护的效果如何，是否会损害社会福利，就成为非常重要的研究问题，这也正是本文的研究重点。

与跨国公司利润转移及税基侵蚀相联系的另一个课题是跨国公司税基分摊机制。目前，世界上主流的跨国公司税基分摊机制是独立交易法与公式分摊法。独立交易法假设跨国公司各关联企业之间是独立的，其税负根据各自的账面利润以及针对公司内部转移价格的公平交易原则来确定。公式分摊法的基本思想是把跨国公司的全球利润看作一个整体，然后使用某个既定公式将总利润进行分摊，从而各关联企业根据所分摊得到的利润以及所处国家或地区的税率来承担税负。一般认为，在防止跨国公司利润转移方面，公式分摊法比独立交易法更有效。那么，在现实世界中，公式分摊法确实比独立交易法更优吗？本文对此问题也进行了探讨。

本文的研究对于实践也有着重要的意义。一方面，改革开放以来，我国作为外商投资的重要目的地之一，加之我国积极的招商引资政策，使我国积累了大量的外资；另一方面，随着中国企业“走出去”政策的深入实施，尤其是“一带一路”建设的开展，我国对外投资也迅猛发展，我国也拥有更多更大更强的跨国公司。因此，充分了解跨国公司海外投资行为，对以上问题进行深入研究，对助力中国企业“走出去”，同时完善国内税收制度、保护税基，有着重要的启示意义。

1.2　研究问题及主要结论

本文以跨国公司为研究对象，选取跨国公司海外投资选址、市场进入模式选择、利润转移及跨境避税为研究课题，分别进行分析。首先，跨国公司海外投资选址受很多因素的影响，对此，已有大量文献进行研究。与以往文献针对水平市场（Horizontal market）进行分析不同的是，本文选取了垂直相关市场进行深入探讨，并分析了政府政策竞争带来的福利效应。其次，本文对跨国公司的海外市场进入模式选择进行分析，即跨国公司选择出口还是 FDI 的方式供应海外市场。最后，本文在税率差异化背景下，进一步对跨国公司海外投资行为进行分析，包括跨国公司海外投资的利润转移动机与战略性动机，并由此延展出公平交易原则的税基保护有效性及其经济效应研究。总之，本文分析针对跨国公司行为层层递进，以此展开。

全文共分 7 章，第 1 章为导论，后面各章的主要内容阐述如下。

第 2 章为跨国公司的海外投资选址及政府对 FDI 的竞争分析。具体来说，本部分分析了垂直相关市场中，跨国公司投资选址、政府间对 FDI 的政策竞争及其福利效应。本文涉及垂直相关市场中，一种没有被太多关注的现象，即有时候下游企业会向其竞争对手购买重要的中间产品，这在计算机、手机以及汽车产业中非常常见。利用非对称两国模型，假设两国各拥有一家上游企业以及一体化企业，结论表明，跨国公司的选址取决于竞争效应、共谋效应以及政府补贴政策的共同作用。其中，共谋效应是指，垂直相关市场中，当下游企业向其竞争对手购买某种重要的中间产品时，由于企业在最终产品市场的行为会影响来自中间产品市场的利润，因此，企业间有动机进行共谋，降低最终产品市场的竞争，提高市场均衡价格，从而两企业都可以获得更高的利润。竞争效应是指，跨国公司在不存在其他竞争者的市场环境中，通过运营获得收益，即企业作为当地市场中唯一的生产者，将从竞争较低的市场环境中获益。在此基础上，我们分析了 FDI 竞争的福利效应及政策含义。具体来说，当两国非对称性较显著时，FDI 竞争将会提高社会福利，此时，税收竞争是更有利的；而当两国非对称性不显著时，FDI 竞争将会使社会福利降低，此时，税收协调是更有利的。

第 3 章分析了跨国公司的市场进入模式选择问题。具体来说，本章运用国际寡头竞争模型，分析了所有权与经营权分离对跨国公司市场进入模式选择的影响。在模型中，跨国公司可以选择出口或 FDI 的方式进入外国市场，并同时考虑了数量竞争与价格竞争的情况。结果表明，相对于所有权与经营权未分离的古典企业，两权分离产生的战略性效应，使现代企业，即两权分离的企业，在数量竞争时更倾向于选择 FDI，在价格竞争时更倾向于选择出口。

第 4 和第 5 章则在税率差异化背景下，引入跨国公司海外投资的利润转移动机，进一步对跨国公司的海外投资进行分析。首先，从市场结构角度出发，利用经典国际市场份额竞争的两国模型，分析不完全竞争市场中，跨国公司的市场进入模式选择。结论表明，在税率差异化背景下，即使东道国没有市场规模等优势，跨国公司也有可能进行 FDI，以实现其利润转移以及战略性动机。

跨国公司的利润转移严重侵蚀了较高税率国家的税基，为此，政府实施公平交易原则。关于跨国公司转移定价与公平交易原则分析，第 4 和第 5 章将从两方面进行分析，包括公平交易原则对跨国公司海外投资的影响，公平交易原则的税基保护有效性及其福利效应。

在第 4 章，考虑跨国公司可以选择出口或 FDI 的方式进入外国市场，分析结果表明，在不完全竞争条件下，公平交易原则由于限制了转移价格的利润转移以及战略性效应，会造成市场扭曲，且可能导致税基减小、社会福利降低。另外，公平交易原则导致的这种负面效应会随着贸易成本的下降以及市场中企业数目的增加而减小。基于上述结论，本文认为，公平交易原则的实施与一国产业政策（如促进竞争和降低企业市场势力）、贸易自由化等相协调，也许会得到更好的效果。

其次，第 5 章从市场结构角度出发，分析了不完全竞争市场中，公平交易原则税基保护的有效性及其对社会福利的影响。利用寡头竞争模型，本文分别考虑了跨国公司为集权与分权两种组织形式的情况。结论表明：第一，基于完全竞争假设、旨在保护税基的公平交易原则在不完全竞争市场中的实施，可能导致税基减小、社会福利降低；第二，相比于集权形式，分权形式下，由于转移价格的战略性效应，公平交易原则使税基减小以及社会福利降低的幅度会进一步扩大。因此，无论跨国公司是何种组织形式，公平交易原则都可能带来一些负面影响。换句话说，公平交易原则并不必然能够保护一国税基并增进其社会福利。该结论在内生化公平交易价格的模型中依然成立。

第 6 章分析了跨国公司税基分摊机制。目前，国际上主流的税基分摊机制是独立交易法与公式分摊法。而公式分摊法则被认为在防止税基侵蚀问题上，比独立交易法更有效。那么，事实确实如此吗？通过分析我们发现，由于转移价格的战略性效应，公式分摊法并不一定能够控制跨国公司的利润转移。另外，本文理论联系实际，选取欧盟“共同统一公司税基（Common Corrporate Consolidated Tax Base，CCCTB）提案”与 OECD“税基侵蚀和利润转移（BaseErosion and Profit Shifting，BEPS）行动计划”的最近进展进行分析，希望为我国积极参与国际税收新规则的制定和国内国际税制的优化升级提供有价值的理论依据。

第 7 章对全文进行总结，归纳本文研究结论，说明本文研究的贡献、不足之处及未来值得进一步拓展的方向和课题等。

1.3 研究思路与研究方法

1.3.1 研究思路

本文的研究思路主体是围绕现象找问题。我们的研究核心即是跨国公司海外投资行为。针对这一现象，我们从海外投资选址、市场进入模式选择以及利润转移与跨境避税方面进行分析，为学界、业界与政策制定者提供一个初步的分析视角与基础的客观描述。

本文的技术路线与研究思路一脉相承，按照发现现象、寻找理论源头、理论构建、分析总结的发展路径依次展开。

第一，本文从文献及现实案例入手，理解跨国公司海外投资这一现象的现实意义基础。如在跨国公司海外投资选址与 FDI 竞争研究中，本文的动机来自现实的一些案例。如 2009 年，丰田公司计划在中国投资设立第九家合资工厂，为此，长春和上海进行了激烈的竞争。最终，上海赢得该项投资，其建立的工厂将生产经济型家用轿车以供应中国与泰国市场。[①]自然的，我们想知道，是什么因素决定了跨国公司的选址决策，政府为赢得 FDI 进行税收竞争对社会福利会产生什么样的影响。

第二，跨国公司进入海外市场，面临市场进入模式选择的问题。跨国公司选择出口还是 FDI 的形式供应海外市场？什么因素影响跨国公司的市场进入模式选择？具体而言，本文分析了企业组织形式对跨国公司海外市场进入模式选择的影响。

第三，在以上分析基础上，本文在税率差异化背景下，对跨国公司海外投资进行进一步研究。这是因为各国企业所得税率具有差异性时，跨国公司选择海外投资，在外设立子公司，不仅可以供应当地市场，还可以达到利润转移的目的。换句话说，除了以往文献所关注的，跨国公司海外投资还具有利润转移动机。那么，利润转移动机如何影响跨国公司的海外投资，即是本文接下来的分析重点。

第四，转移定价是跨国公司进行利润转移的重要途径之一。为了防止跨国公司的利润转移，政府实施公平交易原则。然而，在现实世界中，基于完全竞争假设的公平交易原则效果如何？会产生何种经济效应？

第五，通过对以上问题的分析，我们发现，公平交易原则并不一定完全有效。同时，一些经济学家认为，对于跨国公司税基分摊机制，政府应进行改革，以公式分摊法代替以公平交易原则为基础的独立交易法。那么，公式分摊法的税基保护有效性如何呢？本文最后将对此进行分析。

总体而言，我们的研究思路围绕跨国公司，从海外投资选址、市场进入模式以及利润转移入手，层层递进，多方面、多角度、多层次分析跨国公司海外投资行为和后果，力图最大限度地展现这种高水平国际化战略背后的实质内容。本文分析的技术路线则是从文献背景与理论构建出发，以文献为铺垫，按照微观层面进行理论分析，再整合到政策背景下，分析我们结论的现实意义。

① 该案例引自马捷（2012）。

1.3.2　采取的研究方法

跨国公司海外投资是一个大问题，受到各学科的广泛关注，该领域有大量的研究方法可资借鉴。按照我们的研究主题需求，本文主要使用理论研究与实证研究相结合的方法，并综合运用文献分析、博弈论、数理模型构建以及数值模拟，对跨国公司海外投资这一现象进行多角度的分析，力图尽可能清晰地阐释跨国公司海外投资与跨境避税行为的机理、动机与现实经济后果，得到一个相对客观真实的分析结果。具体而言，研究方法如图 1.1 所示。

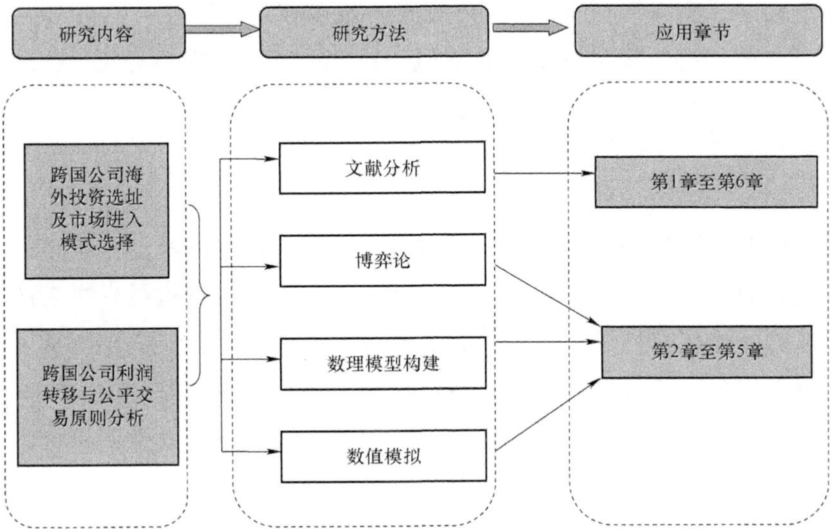

图 1.1　本文的研究方法示意图

1.3.2.1　文献分析

文献研究法是本文研究中非常重要的方法，即通过对论文主题的相关文献进行整合归纳，发现文献中研究的不足，找到研究的切入点和在文献大树中的具体位置。具体到本文，我们深入讨论、借鉴了跨国公司的海外投资选址、市场进入模式选择以及利润转移与公平交易原则等相关领域的文献，明确了我们研究目标的意义所在和研究方法。文献研究对于本文特别重要的一点还在于，我们可以看清跨国公司海外投资与利润转移的研究发展现状及未来可能的发展方向，从而进一步佐证本文研究问题的重要性。本文每个章节的引言部分主要运用了该方法。

1.3.2.2 博弈模型、数理模型构建

本文的主要分析方法即数理模型分析法，运用博弈论模型，把模型进展按照具体阶段分别分析，从而得到市场局部均衡。数理模型分析能够帮助我们明确相关讨论分析的前提假设，在我们基于现实基础抽象的假设条件下，得到稳定的结论，有利于我们选择性地在一定范围内讨论部分经济因素的影响。模型分析中，本文进行大量的比较静态分析，抽象掉时间概念，对比分析不同外生变量下的内生变量的变化。从均衡状态的研究角度来看，比较静态分析考察当原有条件发生变化时，原来的均衡状态会发生什么变化，并分析、比较新旧均衡状态。本文每章节的模型分析部分，均使用博弈论、数理模型进行分析。

1.3.2.3 数值模拟

数值模拟同样是本文分析的重要方法。本文的数值模拟是指模型计算完成后，给定其他参数赋值固定不变，通过改变某一参数，观察另一参数的变化。数值模拟的好处是将结果以图形的方式直观展现出来，并且固定一部分参数，着重分析我们关心的参数之间的关系。此外，由于数学模型的复杂性，当我们无法通过计算进行分析而得到结果时，数值模拟也可以帮助得到结论。数值模拟分析法主要运用于第 2 到第 6 章中的模型分析部分。

1.4 本研究的主要创新点

除了跨国公司海外投资选址以及市场进入模式选择，本文的核心创新点在于关注一个并没有得到以往文献太多关注的现象，即跨国公司利润转移与跨境避税行为。跨国公司利润转移与税基侵蚀在国内学术领域还属于一个非常新的课题，相关文献非常匮乏。从另一个角度看，这也是一个非常有潜力的研究领域。从实际来看，改革开放以来的招商引资政策，使我国积累了大量的外资；而另一方面，随着中国企业“走出去”战略的深入实施，尤其是“一带一路”建设的开展，我国对外投资也迅猛发展，我们拥有更多更大更强的跨国公司。基于此，该领域研究也有着重要的现实意义。本文基于作者的学科背景与基本

学术训练，通过相关方法详细分析这一新现象出现的背景和相关宏微观影响与机理等，包括分析跨国公司海外投资选址、市场进入模式选择以及利润转移等问题，在理论上扩展了相关研究领域的文献。

总体来看，本文的创新可以总结为三方面。

（一）新视角

本文的创新点一，即在于选择了一种新视角：首先，关于跨国公司海外投资选址的分析，本文涉及垂直相关市场中，一种没有被太多关注的现象，即有时候下游企业会向其竞争对手购买重要的中间产品。这在计算机、手机以及汽车产业中常见；其次，本文还重点分析了跨国公司利润转移及跨境避税，国内关于这些问题的相关文献还很匮乏。因此，本文的首要贡献即从新视角对现实世界中经常发生而以往文献并没有太多关注的现象进行分析，以对政策制定提供一些有意义的启示。

（二）新问题

本文关注点的创新，使本文研究了新问题。本文在两个层面上提出了新问题。首先，我们知道各国（地区）为赢得外商投资，对跨国公司的直接投资进行激烈的竞争，提供大量优惠政策，如减税、补贴等。那么，政府的 FDI 竞争政策如何影响跨国公司的投资选址？政府为赢得 FDI 进行税收竞争对社会福利真的是有利的吗？其次，跨国公司利用各国税率及税收政策的差异，在全球范围内进行利润转移从而进行跨境避税。为控制跨国公司的利润转移及税基侵蚀，各国政府采取相关措施。这些规则中，应用最广泛的是 OECD 提出的公平交易原则。那么，现实世界中，公平交易原则还会带来什么经济效应？这些问题的提出与解答，都有着重要的理论与现实意义。

（三）新结论

本文在新现象、新问题的基础上得到众多新的结论，其中，重要的结论：首先，政府间的 FDI 政策竞争有可能提高社会福利，也有可能降低社会福利；其次，基于完全竞争假设、旨在保护税基的公平交易原则在不完全竞争市场中实施，可能带来一些负面效应，公平交易原则并不必然能够保护一国税基并增进其社会福利；最后，在控制跨国公司利润转移与防止税基侵蚀方面，由于转移价格的战略性效应，公式分摊法下的转移价格可能更大幅度地偏离其边际成本。以上这些结论都将给我国政策制定和企业经营提供重要的思路和参考。

从研究课题角度看，本文的创新可以具体从以下五个方面进行总结。

（一）针对跨国公司海外投资选址

本文分析了垂直相关市场中的跨国公司投资选址以及政府政策竞争效应，即同时包括上游企业（Upstream firm）与下游企业（Downstream firm）的市场。以往，有大量文献分析了跨国公司的投资选址问题，然而其都是针对水平市场（Horizontal market）的分析，并没有考虑垂直相关市场（Vertical market）。下游企业生产最终产品需要投入来自上游企业生产的中间产品，这也是现实世界中更为普遍的市场形式。

并且，本文考虑了垂直相关市场中，一种没有被太多关注的现象，即有时候下游企业会向其竞争对手购买重要的中间产品。如宏碁会为其他计算机生产商提供主板、印刷电路板等中间产品，三菱汽车会为菲亚特汽车提供引擎，本田公司也在 1999 年舍弃了它有名的、独特的引擎，转而生产可以适应其他车型的更一般化的引擎。

（二）针对跨国公司市场进入模式选择

跨国公司海外市场进入模式的选择问题，关系到企业国际化战略而受到广泛关注。然而，以往文献都是针对所有权与经营权未分离企业的分析，并没有考虑现代企业，即两权分离的企业。我们认为，所有权与经营权分离与否会影响企业目标，从而影响企业行为，包括进入外国市场的模式选择，这也正是本文要分析的问题。本文的贡献在于，在 Brainard（1993）就近－集中权衡基础上，引入新的权衡因素，考虑到所有权与经营权分离时战略效应的影响，增加了企业进行市场进入模式决策时的选择集，从企业自身另一个角度分析了影响其市场进入模式的因素。

（三）针对跨国公司利润转移与市场进入模式选择

本部分分析税率差异化背景下，跨国公司的市场进入模式选择以及公平交易原则的影响。本文的贡献在于：第一，分析了公平交易原则对跨国公司市场进入模式选择以及社会福利的影响，与以往文献认为公平交易价格偏离产品的边际成本，从而导致市场扭曲不同，本文发现，由于转移价格的战略性效应，公平交易原则的约束价格等于边际成本，依然可能造成市场扭曲；第二，利用寡头竞争模型，分析转移价格的战略性效应，发现了公平交易原则会带来市场扭曲的另一个原因，结果表明，即使东道国没有市场规模等优势，跨国公司也有可能进行 FDI，以实现其利润转移与战略性动机；第三，公平交易原则由于限制了转移价格的利润转移与战略性动机，会降低跨国公司进行海外投资的积极性。

（四）针对公平交易原则的效应分析

本文分析了不完全竞争市场中，公平交易原则税基保护的有效性及其经济效应。本部分结论表明，旨在保护税基的公平交易原则在某些情况下，可能使税基减小、社会福利降低。与以往文献认为无效率的公平交易原则对跨国公司的组织形式选择造成扭曲，进而使市场产生扭曲不同，本文发现，即使公平交易原则是有效率的，不完全竞争的市场结构也可以直接对公平交易原则的效果产生扭曲。

（五）针对跨国公司税基分摊机制的分析

对于跨国公司税基分摊机制，利用不完全竞争模型，通过对独立交易法以及公式分摊法中的跨国公司转移定价行为以及社会福利的对比分析，本文发现，由于转移价格的战略性效应，在保护税基与提高社会福利方面，公式分摊法并不一定优于独立交易法。

第 2 章 跨国公司投资选址及政府对 FDI 的竞争分析

2.1 引　　言

过去几十年来，作为经济全球化的基本动力之一，跨国公司进行了大量的对外投资以进入海外市场，或者获取当地丰富的自然资源、廉价的劳动力等。外商投资不仅可以拉动当地经济增长、促进就业，还可能带来技术溢出等收益，因此，各国（或地区）积极参与 FDI 竞争。如 2012 年初，三星决定在中国投资 300 亿美元设立三星电子闪存项目，国内大量城市，如北京、重庆、西安等都加入争夺该项目的行列。最终，西安脱颖而出。据报道，为了赢得投资方的青睐，西安高新区对此项目表现出极大的诚意——相比其他城市提供“更多的财政和行政支持”，包括对项目进行巨额财政补贴、“10 免 10 减半”所得税优惠、项目运行补贴以及无偿提供土地及建筑，并为项目修建高速公路、地铁等交通设施和生活配套等。2014 年 5 月 9 日，三星（中国）半导体有限公司在西安举行竣工典礼，标志着三星高端闪存芯片正式开始量产。对此，自然的，我们想知道是什么因素决定了跨国公司的选址决策，政府为赢得 FDI 进行税收竞争对社会福利真的有利吗。这正是本文关注的问题，我们将从垂直相关市场的角度，对此进行分析。

关于 FDI 竞争的文献，最早的是 Haufler 和 Wooton（1999）。该文利用非对称两国模型，分析了跨国公司在大国还是小国之间的投资选址问题。他们发现，由于市场规模效应（Home-market effect），即相比于在小国投资，跨国公司在大国投资可以节省供应小国市场的出口成本，因此，大国将赢得 FDI，甚至可以对跨国公司征税。接着，大量文献在此基础上分析了其他可能影响跨国公司选址的因素。其中，Barros 和 Cabral（2000）考虑了小国面临失业问题而大国没有的情况。由于引进外资可以带来就业机会，小国为解决失业问题会比大国更加积极地竞争 FDI，从而小国也有机会获得 FDI。Fumagalli's（2003）考虑了两国具有不同技术水平的情况。最后，Bjorvatn 和 Eckel（2006）则引入市场结构，假设大国拥有一个本地竞争者（而小国没有），此时，由于竞争效应（Competitive effect），即跨国公司的进入会挤占本地企业的市场份额，因此，大国的 FDI 竞争动机将会减弱。[①]最近的 Ma 和 Raimondos（2015）在两国税率差异化的背景下，考虑了利润转移动机对 FDI 竞争带来的影响。

这些文献都是针对水平市场（Horizontal market）的分析，并没有考虑垂直相关市场，即同时包括上游企业（Upstream firm）与下游企业（Downstream firm）的市场。此中，下游企业生产最终产品需要投入来自上游企业生产的中间产品，这也是现实世界中更为普遍的市场形式。本文即分析了垂直相关市场中，跨国公司的选址决策以及 FDI 竞争效应。利用非对称两国模型，假设两国各拥有一家上游企业与一体化企业（Integrated firm）。其中，一体化企业不仅生产中间产品，还生产最终产品与跨国公司在最终产品市场进行竞争，而上游企业则不拥有将中间产品转化为最终产品的技术。

结论表明，跨国公司的选址取决于竞争效应、共谋效益（Collusive effect）以及政府补贴政策的共同作用。其中，共谋效应是在垂直相关市场中，当下游企业向其竞争对手购买某种重要的中间产品时产生的，这也是本文分析的关键。具体来说，当跨国公司向其竞争对手，即一体化企业购买中间产品时，一体化企业也会从中间产品市场获得利润。如果企业之间在最终产品市场进行激烈的竞争，那么，跨国公司的产量，即对中间产品的需求量降低，一体化企业来自中间产品市场的利润也随之降低。出于这样的考虑，两企业就产生了共谋动机，降低最终产品市场的竞争、提高均衡价格，从而两企业都获得更高的利润。我们将这种效应称为共谋效应。[②]竞争效应是指，跨国公司在无当地竞争者的市场中运营生产时所获得的收益。可以看到，FDI 竞争中，拥有一家当地竞争者对其东道国来说，既是一种优势（体现在共谋效应中），也是一种劣势（体现在竞争效应中）。最终，跨国公司的选址由这两种相反方向作用的效应以及政府补贴政策决定。共谋效应的存在也意味着，与以往文献中跨国公司总

---

① 关于 FDI 竞争，相关文献综述请参见 Keen 和 Konrad（2013）第五节。

② Chen et al.（2004）也分析了共谋效应，不过他们的重点在于分析共谋效应对跨国公司在外包还是一体化之间选择的影响。

倾向于选择在那些拥有各种优势——如较大的本地市场，竞争较低的市场环境等——的东道国进行投资的结论不同，本模型中，即使东道国没有任何优势，跨国公司也有可能选其作为投资目的地，以实现其共谋动机。

当引入政府竞争时，我们发现，共谋效应会提高市场均衡价格从而损害消费者福利，①因此，拥有一体化企业的政府对 FDI 的竞争动机减弱。这与 Bjorvatn 和 Eckle（2006）的结论一致，当然，背后的原因并不相同。进一步的，通过对 FDI 竞争的福利效应分析，结论表明，政策竞争有可能会提高社会福利，也有可能降低社会福利。Ma（2013）、马捷等（2012）也得到相同的结论。

本文的结论有着重要的政策意义。对国家（或地区）之间“企业竞拍战”（Bidding warforfirms）的福利影响，学术界一直存在争论。FDI 竞争的支持者认为，税收协调（Tax coordination）应该像垄断一样被抵制；而 FDI 竞争的反对者认为，税收竞争（Tax competition）会带来市场扭曲，造成无谓损失（马捷，2012）。本文的结论则表明，当一国比较优势较强，即两国非对称性较显著时，FDI 竞争将会提高社会福利，此时，税收竞争是更有利的；而当一国比较优势较弱，即两国非对称性不那么显著时，FDI 竞争将会使社会福利降低，此时，税收协调是更有利的。

本文涉及垂直相关市场中，一种没有被太多关注的现象，即有时候下游企业会向其竞争对手购买重要的中间产品。这在计算机、手机以及汽车产业中非常常见。如宏碁会为其他计算机生产商提供主板、印刷电路板等中间产品，三菱汽车会为菲亚特汽车提供引擎；本田公司也在 1999 年舍弃了它有名的、独特的引擎，转而生产可以适应其他车型的更一般化的引擎。②

与本文相关的文献还有 Ma（2013），该文也考虑了垂直相关市场的情况。在他的模型中，小国可以提供跨国公司需要的中间产品而大国不可以，因此，跨国公司的选址取决于中间产品与最终产品运输成本的相对大小。另外，Milliou（2014）同样考虑了垂直相关市场的情况，但与本文不同，该文的重点在于国家间的纵向技术转移（Vertical technology transfers，VTT）。

国内相关的文献：马捷等（2012）分析了两国对生产多产品跨国公司的政策竞争，发现跨国公司的选址取决于市场规模效应、利润侵蚀效应以及两国补

① Haufler 和 Wooton（1999），Ma 和 Raimondos（2015）也涉及这种由消费者福利损失驱使的负社会福利效应。

② 这些案例引用自 Chen et al.（2004）。

贴政策的共同作用；谢申祥和王孝松（2011）分析了跨国公司可以从东道国进行技术获取时的竞争情况；付红艳和刘强（2013）则加入跨国公司既可以在东道国投资建厂，又可以对当地企业进行并购的分析。

与以往文献不同之处在于，本文考虑了垂直相关市场的情况，发现了另一个影响跨国公司选址决策的因素，即共谋效应，扩展了跨国公司选址以及 FDI 竞争方面的文献。

另外，正如 Spencer（2005）所说，配对（Matching）与合同理论（Contract theory）是解释垂直相关市场重要的概念之一。[①]因此，遵循以往文献，我们假定中间产品价格是由跨国公司与供应商之间通过对“价格–数量合同”议价（Bargaining）决定的。[②]企业议价能力由于决定了共谋效应，在我们的模型中起着非常重要的作用。如跨国公司的议价能力为 0 或 1 时，共谋效应将不会存在；当企业议价能力处于中间水平时，共谋效应最大，这也是拥有本地竞争者的东道国有机会赢得 FDI 时的情况。

最后，与本文相关的文献还涉及针对流动资本（Mobile capital）的税收竞争的分析，如 Bucovets（1991）、Wilson（1991）、Kanbur 和 Keen（1993）以及 Trandel（1994）。这些文献通过非对称两国模型，研究了各种税收工具的相互作用。但是，拥有以利润最大化为目标的企业毕竟不等同于流动资本，因此，该类文献所使用的模型更适合讨论政府间对金融投资（证券投资）的竞争。

本章接下来安排如下：第二节，模型设立；第三节，模型分析；第四节、第五节，讨论与本章小结。

2.2 模型设立

考虑一个非对称两国模型，即 A 国与 B 国，它们各拥有一家上游企业 A 与一体化企业 B 。其中，一体化企业不仅可以生产中间产品，还可以将中间产品转化成最终产品以供应两国市场；而上游企业不拥有这种技术，只能生产中间

① Antras (2003, 2005), Antras & Helpman (2004), Grossman & Helpman (2002), Ornelas & Turner (2008, 2012), Antras & Staiger (2012a, 2012b)，这些文章在分析国际垂直分工时都使用了合同理论。

② 文章最后也会讨论中间产品价格通过市场出清机制决定时的情况。

产品。假设两国企业生产中间产品的边际成本为零，[①]两国的反需求函数分别为：

$$x^A = 1 - p_A$$

$$x^B = n(1 - p_B)$$

$n>1$ 代表 B 国市场是 A 国市场的 n 倍大。在模型分析部分，为了突出重点，我们假设 $n=1$，然后，在讨论部分将放松该假定。来自世界其他国家的跨国公司决定在两国之间投资设立子公司。由于 FDI 固定投资成本太高，跨国公司只选择在其中一国投资以供应当地市场，然后，通过出口供应另一个市场。[②]出口每单位产品会发生运输成本 t，为保证需求为正，假设 $0<t<0.5$。

最终产品的生产需要一种重要中间产品的投入，跨国公司与企业 B 都能够利用“一对一”的生产技术（One-to-one technology），以零成本将中间产品转换成最终产品，然后，在两国市场进行竞争。假定两国企业提供的中间产品是无差别的，我们不考虑中间产品贸易。

跨国公司向当地企业购买中间产品的价格与数量，由两企业通过对“价格－需求量”合同议价得到的纳什均衡结果决定。[③]其中，跨国公司在 i 国的议价能力为 α_i，$0<\alpha_i<1$，从而当地企业的议价能力即 $1-\alpha_i$，$i=\{A,B\}$。在不影响结论的基础上，为简化分析，假设 $\alpha_A=\alpha_B=\alpha$。[④] 因此，模型进展可以分为两个阶段：第一阶段，跨国公司选择投资目的地；第二阶段，跨国公司利用当地企业提供的中间产品进行生产，与企业 B 在两国市场进行数量竞争。接下来，我们利用逆向归纳法求解模型的均衡解。

---

① 根据合同理论，合同一般分为两种类型：不完全合同（Incomplete contract）、完全合同（Complete contract）。两者的区别是，在双方对产品价格进行议价时，该产品的生产成本是不是沉淀的。既然本文的重点在于跨国公司的选址决策而不是产品定价，我们采取 0 生产成本的假设。这不但简化了分析，还消除了不同合同类型带来的影响。

② 这也是企业 B 通过出口供应 A 国市场的原因。

③ 正如 Ara & Ghosh（2016）所说，本文中的合同类型相当于“数量强制合同”（Quantity forcing contract），即议价企业首先选择数量，以最大化他们的总剩余，然后，根据议价能力对该总剩余进行分摊。

④ 假设跨国公司总有途径获取中间产品，如自主研发或从其他市场购买。因此，我们假设议价能力外生给定且保持不变。关于议价能力是如何决定的，也许是产业层面的因素，或由市场厚度（Market thickness）决定，但这并不是本文的重点。

2.3 模型分析

本部分，我们先分析一个基准情况，即不考虑政府竞争时的模型，然后引入政府，分析竞争政策对跨国公司选址决策的影响及其福利效应。

2.3.1 无政府竞争政策的情况

2.3.1.1 议价博弈

当跨国公司选择在 A 国投资时，它从企业 A 购买中间产品，进行生产供应 A 国市场且通过出口供应 B 国市场；同时，企业 B 也会将其产品出口到 A 国市场，与跨国公司在两国市场进行竞争。

在议价博弈中，由跨国公司与企业 A 组成的配对，对合同（q_A,x_M）进行讨价还价。根据合同，跨国公司以每单位 q_A 的价格向企业 A 购买 x_M 单位数量的中间产品，$x_M=x_M^B+x_M^A$，x_M^A 与 x_M^B 为跨国公司分别在两国市场的产量。议价博弈的纳什均衡结果 $(\widehat{q_A},\widehat{x_M})$ 满足以下最大化目标：

$$(\widehat{q_A},\widehat{x_M})=\max_{q_A,x_M^A,x_M^B}[(p_A-q_A)x_M^A+(p_B-t-q_A)x_M^B]^{\alpha}[q_A(x_M^B+x_M^A)]^{1-\alpha} \quad (2.1)$$

其中，跨国公司的利润为 $\pi_M^A=(p_A-q_A)x_M^A+(p_B-t-q_A)x_M^B$，以及企业 A 的利润为 $\pi_A^A=q_A(x_M^B+x_M^A)$。求解以上最大化问题相当于进行以下分步计算。首先，跨国公司选择 x_M^A，x_M^B 最大化总剩余 S：

$$\max_{x_M^A,x_M^B} S=\pi_M^A+\pi_A^A=(p_B-t)x_M^B+p_Ax_M^A$$

其次，跨国公司与企业 A 根据议价能力对 S 进行分摊：

$$\begin{aligned}\alpha S&=(p_A-t-q_A)x_M^B+(p_A-q_A)x_M^A\\(1-\alpha)S&=q_A(x_M^B+x_M^A)\end{aligned} \quad (2.2)$$

根据式（2.1）和式（2.2），得到：

$$\frac{\alpha}{1-\alpha}=\frac{(p_B-t-q_A)x_M^B+(p_A-q_A)x_M^A}{q_A(x_M^B+x_M^A)}$$

因此，中间产品的价格为：

$$q_A = \frac{(1-\alpha)S}{x_M}$$

同时，企业 B 也选择在两国市场的产量 x_B^A，x_B^B 最大化利润：

$$\max_{x_B^A, x_B^B} \pi_B^A = (p_A - t)x_B^A + p_B x_B^B$$

根据一阶条件，可得均衡时跨国公司的利润为：

$$\pi_M^A = \alpha_A S = \alpha \frac{n(1-2t)^2 + (1+t)^2}{9}$$

企业 A 与企业 B 的利润分别为：

$$\pi_A^A = (1-\alpha_A)S = (1-\alpha)\frac{n(1-2t)^2 + (1+t)^2}{9}$$

$$\pi_B^A = \frac{n(1+t)^2 + (1-2t)^2}{9}$$

以及消费者剩余为：

$$CS_A^A = \frac{1}{2}(x_M^A + x_A^A)^2 = \frac{(1+\alpha)^2}{2(2+\alpha)^2}$$

$$CS_B^A = \frac{1}{2n}(x_M^B + x_A^B)^2 = \frac{n(1-t)^2(1+\alpha)^2}{2(2+\alpha)^2}$$

同理，当跨国公司选择在 B 国投资时，首先，它选择产量 x_M^A，x_M^B 最大化总剩余，即：

$$\max_{x_M^A, x_M^B} S = (p_A - t)x_M^A + p_B x_M^B$$

其次，跨国公司与企业 B 根据议价能力对总剩余进行分摊：

$$\alpha S = (p_B - q_B)x_M^B + (p_A - q_B)x_M^A$$

$$(1-\alpha)S = q_B(x_M^B + x_M^A)$$

其中，q_B 为跨国公司向企业 B 购买中间产品的价格。同时，企业 B 选择产量 x_B^A，x_B^B 最大化利润：

$$\max_{x_B^A, x_B^B} \pi_B^B = (1-\alpha)S + (p_A - t)x_B^A + p_B x_B^B$$

再次，中间产品价格 q_B 由以下条件决定：

$$\frac{\alpha}{1-\alpha}=\frac{(p_B-q_B)x_M^B+(p_A-q_B)x_M^A}{q_B(x_M^B+x_M^A)}$$

最后，通过计算可得均衡时，跨国公司与企业B的利润分别为：

$$\pi_M^B=\alpha\frac{n+(1-t)^2}{(2+\alpha)^2}$$

$$\pi_B^B=\frac{n+(1-t)^2}{(2+\alpha)^2}$$

以及该情况下的消费者剩余为：

$$CS_A^B=\frac{(2-t)^2}{18}$$

$$CS_B^B=\frac{n(2-t)^2}{18}$$

当跨国公司在B国投资时，由于企业A不提供任何中间产品，因此，其利润$\pi_A^B=0$。另外，企业B作为跨国公司的竞争者，只有当$\pi_B^B>\pi_B^A$成立时，它才会愿意向跨国公司提供中间产品。[①]令$\Delta\pi_B=\pi_B^B-\pi_B^A$，那么：

$$\Delta\pi_B=\frac{n+(1-t)^2}{(2+\alpha)^2}-\frac{n(1+t)^2+(1-2t)^2}{9}$$

因此，当$\Delta\pi_B>0$时，企业B向跨国公司提供中间产品；当$\Delta\pi_B<0$时，企业B则不会提供中间产品，跨国公司只能选择A国进行投资生产。

2.3.1.2 共谋效应

令$\Delta\pi_M$为跨国公司在两国的利润差，那么：

$$\Delta\pi_M=\pi_M^B-\pi_M^A=\alpha\left[\frac{n+(1-t)^2}{(2+\alpha_B)^2}-\frac{n(1-2t)^2+(1+t)^2}{9}\right] \tag{2.3}$$

根据式（2.3），如果$\alpha=0$，那么，$\Delta\pi_M=0$，即跨国公司无议价能力时，无论选择哪个国家都得不到任何利润，所以，跨国公司在两国之间无区别；当$\alpha=1$时，那么，$\Delta\pi_M=\frac{4t[n(1-t)-1]}{9}$，此时，跨国公司的选址取决于运输成本

① 企业B不向跨国公司提供中间产品，从而成为垄断厂商的威胁是不可信的，因为跨国公司总是可以从A国企业获得中间产品。

与两国市场的相对大小。实际上，该情况即相当于Bjorvatn和Eckel（2006）的模型。

接下来，我们假设 $n=1$ 。[①]根据以往文献，如果 $t=0$ ，由于此时两国之间没有任何区别，因此，$\Delta\pi_M$ 应该为0。然而，我们发现：

$$\Delta\pi'_M = 2\alpha\left(\frac{1}{(2+\alpha)^2}-\frac{1}{9}\right) \tag{2.4}$$

显然，对于 $\alpha\in(0,1)$ ，$\Delta\pi'_M > 0$ 恒成立。这意味着，即使两国没有任何差异，跨国公司也会选择在 B 国投资。这是因为，当跨国公司在 B 国投资，向企业 B 购买中间产品时，企业 B 会从中间产品市场获得利润。当最终产品市场竞争很激烈，使跨国公司产量降低时，企业 B 从中间产品市场获得的利润也会降低。出于这样的考虑，两企业会有动机进行共谋以降低市场竞争，提高市场均衡价格，从而获得较高的利润。[②]垂直相关市场中，由于下游企业向其竞争对手购买中间产品从而导致最终产品市场竞争降低的现象，我们称为共谋效应。因此，当两国无任何差别，即 $t=0$ 以及 $n=1$ 时，由于共谋效应，跨国公司依然会选择 B 国投资。由此得出本章第一个命题。

命题 2.1：考虑两国具有相同市场规模的情况，当 $t=0$ 时，

$$\pi_M^B - \pi_M^A > 0$$

这说明，即使东道国没有任何优势，跨国公司也有可能进行 FDI 以实现其共谋动机。

式（2.4）对 α 求导，得到：

$$\frac{\mathrm{d}(\Delta\pi'_M)}{\mathrm{d}\alpha} = \frac{2-\alpha}{(2+\alpha)^3}-\frac{1}{9}$$

共谋效应由议价能力决定，开始时随议价能力的增强而增加，在某个临界值达到最高点，然后随议价能力的增强而减小（ $\alpha\approx 0,423$ 时，共谋效应达到最大）。当跨国公司的议价能力 α 很小时，即使企业 B 有强烈的共谋动机，由于跨国公司只能得到很小的一部分总剩余，因此，其共谋动机较弱。随着 α 的提高，跨国公司的共谋动机上升。当 α 超过一定水平后，同理，企业 B 的共谋动机将减弱。因此，共谋效应在 α 处于中间水平时达到最大。

① 我们将在扩展模型里放松该假定。

② 对比价格 $p_B^A = \frac{1+t}{3}$ 与 $P_B^B = \frac{1}{2+\alpha}$ ，即可发现后者有可能高于前者。

2.3.1.3 跨国公司的选址决策

现在，我们分析跨国公司的选址决策。重新整理式（2.3），得到：

$$\Delta\pi_M = \underbrace{\left(\frac{1}{(2+\alpha)^2}-\frac{1}{9}\right)}_{\substack{\text{共谋效应}\\(+)}} + \alpha\underbrace{\left(\frac{t^2-2t}{(2+\alpha)^2}-\frac{5t^2-2t}{9}\right)}_{\substack{\text{竞争效应}\\(-)}}$$

当两国市场大小相同并考虑运输成本时，跨国公司的选址决策由共谋效应与竞争效应共同决定。其中，根据前面分析，共谋效应由企业议价能力α决定，它代表B国在吸引FDI中拥有的一种优势。共谋效应越大，跨国公司越倾向于选择在B国投资。竞争效应是指企业在不存在其他竞争者的市场环境中，生产运营获得的收益，它由运输成本t决定，代表A国在吸引FDI中拥有的一种优势。具体来说，当跨国公司选择在A国投资时，作为当地市场中的唯一生产者，它将从竞争较低的市场环境中获益。这种收益的大小由市场分割程度决定，分割程度越高，即运输成本t越高，跨国公司作为唯一的生产商得到的竞争性收益也越大，从而越倾向于选择在A国投资；t越低，竞争效应也越小，从而跨国公司越倾向于选择在B国投资。特别的，如果$t=0$，则竞争效应消失。因此，跨国公司的选址决策由两种相反作用的效应决定。如果共谋效应主导竞争效应，那么，跨国公司将在B国投资；否则，将在A国投资。①由此得出本章第二个命题。

命题 2.2：存在临界值t^*，②使$\pi_M^B=\pi_M^A$，其中：

$$t^*=\frac{[9-(2+\alpha)^2]-\sqrt{\theta}}{9-5(2+\alpha)^2}，\quad \theta=[9-(2+\alpha)^2][9(2+\alpha)^2-9]$$

当$t<t^*$时，跨国公司选择在B国投资；当$t^*<t<0.5$时，跨国公司选择在A国投资。

为了更直观地理解共谋效应是如何影响跨国公司选址的，以t为横轴，$\Delta\pi_M$为纵轴，分别对$\alpha=0.5$以及$\alpha=1$的情况作数值模拟，得到图2.1。

---

① 当$n=1$时，$\Delta\pi_M=\alpha\Delta\pi_B$，即当跨国公司希望在$B$国投资时，企业$B$也愿意向跨国公司提供中间产品。

② 另一个解为负值，无经济学含义，因此忽略。

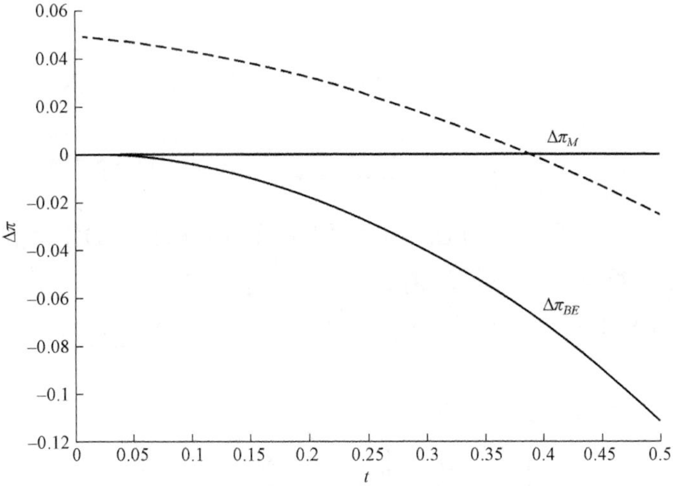

图 2.1　共谋效应增加了 *B* 国对 FDI 的吸引力

Bjorvatn & Eckel（2006）的结论表明，在水平市场中，当两国市场规模相同时，跨国公司总会选择在无当地竞争者的 *A* 国进行投资，即 $\Delta\pi_{BE}$，以避免与当地企业进行更激烈的竞争。而在我们的模型中，即 $\Delta\pi_{M}$，它显示由于共谋效应，跨国公司依然有可能选择在 *B* 国投资。这意味着在垂直相关市场中，拥有一家当地竞争者对其东道国来说反而可能成为一种优势，而不是劣势。

2.3.2　存在政府竞争政策的情况

2.3.2.1　政策竞争

现在，我们考虑政府的FDI竞争政策对跨国公司选址决策的影响。

定义2.1：社会福利由消费者剩余以及企业利润组成，即 $w_i = CS_i + \pi_i$。

因此，两国的FDI收益分别为：

$$v^A = w_A^A - w_A^B$$

$$v^B = w_B^B - w_B^A$$

记两国政府为跨国公司提供的一次性补贴（The lump – sum subsidy）（或征税）分别为 s_A 与 s_B，那么，该补贴的最高值即为FDI收益：

$$s_B^{\max} = v^B$$

$$s_A^{\max} = v^A$$

以A国为例，如果A国政府想确保赢得FDI，那么，它提供的补贴必须满足以下条件：

$$\pi_M^A + s_A > \pi_M^B + s_B$$

因此，其提供的补贴至少应为：

$$s_A^{\min} = \pi_M^B + v^B - \pi_M^A$$

如果$v^A > s_A^{\min}$，那么，A国政府将愿意且能够赢得FDI；否则，B国将赢得FDI。计算可得A国政府的均衡竞争政策为：

$$s_A^{\min} = \frac{(\alpha^2 + 4\alpha + 3) + 2(1+\alpha)(1-t)^2}{2(2+\alpha)^2} - \frac{11t^2 - 8t + 8 + 2\alpha(5t^2 - 2t + 2)}{18}$$

同理，B国政府的均衡竞争政策为：

$$s_B^{\min} = \frac{11t^2 + 4t + 14}{18} - \frac{(1-t)^2(\alpha^2 + 4\alpha + 1) + 2\alpha}{2(2+\alpha)^2}$$

通过计算，我们发现$v^A > s_A^{\min}$恒成立。又由于：

$$v^A - s_A^{\min} = v^B - s_B^{\min}$$

因此，在政策竞争情况下，跨国公司选择在A国投资。对比无政策竞争时，B国也有机会获得FDI的结论，我们可以得到本章第三个命题。

命题 2.3：存在政策竞争的情况下，$v^A > s_A^{\min}$恒成立，因此，跨国公司将在A国进行投资；政策竞争增加了A国的吸引力。

命题 2.3 背后的直觉是，如果跨国公司在A国投资，不但企业A可以通过向跨国公司提供中间产品而获得利润，消费者也会由于跨国公司位于市场内部而享受更低的价格。因此，A国政府总希望能够赢得FDI从而提高社会福利。而对于B国，跨国公司的进入虽然使企业B利润提高，但另一方面，共谋效应会导致最终产品价格提高，从而使消费者福利受损。[①]因此，出于消费者方面的考虑，B国政府竞争FDI的动机将会减弱。

2.3.2.2 福利效应分析

本部分分析竞争政策带来的福利效应，即相对于无政策竞争的情况，政府的FDI竞争政策是否能够提高社会福利。要回答该问题，我们首先需要知道，政府在什么情况下会为跨国公司提供补贴，什么情况下对跨国公司进行

---

① 可以证明，即使消费者福利受损，从总体来看，FDI依然会提高B国福利，即$v^B > 0$。

征税。

由 $s_A^{\min}=0$，我们得到：

$$t^{**}=\frac{18(1+\alpha)-2(2+\alpha)^3-\sqrt{\theta}}{18(1+\alpha)-(2+\alpha)^2(11+10\alpha)}$$

其中，$\theta=[-36(1+\alpha)+4(2+\alpha)^3]^2-2[18(1+\alpha)-(2+\alpha)^2(11+10\alpha)][9\alpha^2+54\alpha+45-4(2+\alpha)^3]$。因此得出本章第四个命题。

命题 2.4：存在 t^{**} 使 $s_A^{\min}=0$，当 $t<t^{**}$ 时，A 国政府将对跨国公司进行补贴；当 $t>t^{**}$ 时，将对跨国公司征税。

以上命题背后的直觉是，在 FDI 竞争中，A 国的优势在于能够为跨国公司提供竞争较低的市场环境，即竞争效应。当运输成本较低时，竞争效应即 A 国的比较优势也较弱，它需要对跨国公司进行补贴以赢得 FDI；当运输成本较高，即 A 国的比较优势较强时，它就可以对跨国公司进行征税。据此，我们就可以得到政策竞争的福利效应，我们总结在本章第五个命题里。

命题 2.5：

（1）当 FDI 政策竞争不影响跨国公司的选址决策时，对于赢得 FDI 的国家，如果它需要对跨国公司进行补贴，那么，其社会福利降低；如果能够对跨国公司进行征税，那么，其社会福利提高。对于没有赢得 FDI 的国家，其社会福利不变。

（2）当政策竞争改变了跨国公司的选址决策时，那么，A 国社会福利提高；B 国社会福利降低。

当政策竞争不影响跨国公司的选址决策时，对于赢得 FDI 的国家，很显然，即使没有补贴或征税政策，跨国公司也会选其作为投资目的地。因此，FDI 竞争中，如果政府需要对跨国公司进行补贴，即将一部分 FDI 收益转移至跨国公司，那么，其社会福利降低；而如果能够对跨国公司进行征税，即将一部分跨国公司利润转移至本国消费者以及企业，那么，其社会福利提高。而对于没有赢得 FDI 的国家，其社会福利与无政策竞争时的状态相同。

当政策竞争改变了跨国公司的选址决策，即无竞争政策时，跨国公司选择在 B 国投资；而有政策竞争时，选择在 A 国投资。此时，A 国由于获得 FDI 从而社会福利提高，而 B 国则由于失去 FDI 而社会福利降低。

2.4 讨　论

2.4.1 $n \neq 1$的情况

以上分析中，为了更直观地分析共谋效应的作用机制，我们假设$n=1$。现在，我们放松假定，考虑$n>1$的情况。此时，跨国公司的选址决策，除了以上三种效应，还受市场规模效应的影响。另外需要注意的是，当$n>1$时，在某些情况下，如市场规模足够大而运输成本又比较高时，相比于共谋效应，企业B更注重竞争收益，从而停止供应中间产品，跨国公司只能在A国投资。但无论模型具体结果如何改变，可以证明，共谋效应对跨国公司选址决策的作用机制不会改变，政策竞争带来的影响也不会改变。因此，模型结论也将保持成立。

具体来说，当没有政策竞争时，跨国公司的选址决策取决于市场规模效应、共谋效应以及竞争效应之间的权衡。令$\Delta\pi_M=0$，我们得到：

$$n^*=\frac{9(1-t)^2-(2+\alpha)^2(1+t)^2}{(2+\alpha)^2(1-2t)^2-9}$$

并且，存在n'使$\Delta\pi_B=0$：

$$n'=\frac{9(1-t)^2-(2+\alpha)^2(1-2t)^2}{(2+\alpha)^2(1+t)^2-9}$$

因此：

（1）如果$(2+\alpha)^2(1+t)^2<9$，那么，当$n<n^*$时，跨国公司将在小国投资；当$n>n^*$时，跨国公司将在大国投资。

（2）如果$(2+\alpha)^2(1+t)^2>9$且$n'>n^*$，那么，当$n<n^*$或$n>n'$时，跨国公司将在小国投资；当$n^*<n<n'$时，跨国公司将在大国投资；如果$n'<n^*$，跨国公司将只能在小国投资。

以上结论的计算过程是，对于企业B：

$$\frac{\partial\Delta\pi_B}{\partial n}=\frac{1}{(2+\alpha)^2}-\frac{(1+t)^2}{9}$$

如果$(2+\alpha)^2(1+t)^2<9$，那么$\frac{\partial\Delta\pi_B}{\partial n}>0$，企业$B$只有在$n>n'$时供应中间

产品，并且 $n^* > n'$；如果 $(2+\alpha)^2(1+t)^2 > 9$，那么 $\frac{\partial \Delta\pi_B}{\partial n} < 0$，企业 B 只有在 $n < n'$ 时供应中间产品；并且此时，n^* 与 n' 的大小关系不定。

对于跨国公司：当 $n < n^*$ 时，$\Delta\pi_M < 0$；当 $n > n^*$ 时，$\Delta\pi_M > 0$。

综上所述，当 $\Delta\pi_M > 0$ 且 $\Delta\pi_B > 0$ 时，跨国公司将在 B 国投资；当 $\Delta\pi_M < 0$ 或 $\Delta\pi_B < 0$ 时，跨国公司将在 A 国投资。据此，我们即可得到以上结论。

我们注意到，当 $(2+\alpha)^2(1+t)^2 > 9$ 时，B 国市场越大，跨国公司反而有可能越倾向于在小国投资，即 $n > n'$ 的范围。这是因为，企业 B 是否愿意向跨国公司提供中间产品同样取决于竞争效应与共谋效应的作用。当 t 较高，即 $(2+\alpha)^2(1+t)^2 > 9$ 时，企业 B 更注重竞争效应带来的收益。市场越大，即 n 越大，企业 B 越不愿意与跨国公司分享这种竞争性收益。因此，当 n 足够大，使竞争效应主导共谋效应时，企业 B 将不再向跨国公司提供中间产品，从而跨国公司只能选择在小国投资，即当 $n > n'$ 的情况。同样的道理，当 t 较低，即 $(2+\alpha)^2(1+t)^2 < 9$ 时，竞争效应较弱，企业 B 更注重共谋效应带来的收益，因此，市场越大，企业 B 越希望与跨国公司合作以获得更大的共谋收益。现实生活中，由于运输成本很低，因此，一般情况下，$(2+\alpha)^2(1+t)^2 < 9$ 成立。

当引入政府竞争政策时，同理，存在 n^{**}，使跨国公司在两国的利润相等，其中：

$$n^{**} = \frac{(2+\alpha)^2(11t^2-8t+8) - 9(\alpha^2+4\alpha+3)(1-t)^2}{9(\alpha^2+4\alpha+3) - (2+\alpha)^2(11t^2-8t+8)}$$

因此，若 $(2+\alpha)^2(1+t)^2 < 9$，那么，当 $v^A > s_A^{\min}$，即 $n < n^{**}$ 时，跨国公司将在小国投资；当 $v^B > s_B^{\min}$，即 $n > n^{**}$ 时，跨国公司将在大国投资。此时，$n^{**} > n^*$。

如果 $(2+\alpha)^2(1+t)^2 > 9$ 且 $n' > n^{**}$，那么，当 $n < n^{**}$ 或 $n > n'$ 时，跨国公司将在小国投资；当 $n^{**} < n < n'$ 时，跨国公司将在大国投资；如果 $n' < n^{**}$，跨国公司将只能在小国投资。此时，n^{**} 与 n' 关系不定，$n^{**} > n^*$。

并且，$n^{**} > n^*$ 恒成立，因此：（1）情况下，很明显，政策竞争增加了效果的吸引力；（2）情况下，当 $n' < n^*$ 时，有无政策竞争，跨国公司都在小国投资，当 $n^* < n' < n^{**}$ 时，无政策竞争时，当 $n < n^*$ 或 $n > n'$ 时将在小国投资，政策竞争下一直在小国投资，因此，政策竞争增加了小国的吸引力；当 $n' > n^{**}$ 时，无政策竞争时，当 $n < n^*$ 或 $n > n'$ 时将在小国投资，政策竞争时，当 $n < n^{**}$ 或 $n > n'$

时将在小国投资，因此，政策竞争增加了小国的吸引力。综上可证明，政策竞争增加了小国的吸引力。

关于 FDI 竞争的福利效应，分别存在n^{***}与n^{****}使$s_A^{\min}=0$，$s_B^{\min}=0$，其中：

$$n^{***}=\frac{36(1-t)^2(1+\alpha)-4(2+\alpha)^2[(1+t)^2\alpha+(1-2t)^2]}{2(2+\alpha)^2[2\alpha(1-2t)^2+3t^2+6]-18(\alpha^2+4\alpha+3)}$$

$$n^{****}=\frac{3(2+\alpha)^2(2+t)^2-9(1-t)^2(\alpha^2+4\alpha+1)}{18\alpha-2(1-2t)^2(2+\alpha)^2}$$

因此，与正文相似，当 FDI 政策竞争不影响跨国公司的选址决策时，对于赢得 FDI 的国家，如果它需要对跨国公司进行补贴，那么，其社会福利降低；如果能够对跨国公司进行征税，那么，其社会福利提高。对于没有赢得 FDI 的国家，其社会福利不变。当政策竞争改变了跨国公司的选址决策时，那么，A国社会福利提高，B国社会福利降低。

以上模型中，我们假设大国拥有一家一体化企业，小国拥有一家上游企业。现在，我们考虑大国企业为上游企业，而小国企业为一体化企业，即$n<1$的情况。此时，共谋效应依然存在于一体化企业与跨国公司之间，因此我们认为，即使小国既没有市场规模优势也没有竞争优势，跨国公司也有可能选其作为投资目的国。共谋效应的作用机制依然存在。

2.4.2 市场出清机制下的情况

最后，本文中，假设中间产品的价格由企业通过对合同进行议价决定。那么，当中间产品价格是由市场出清机制决定时，结论如何呢？由于本文结论的重点在于共谋效应，因此，讨论结论是否成立，即相当于讨论共谋效应是否存在。我们知道，在市场出清机制下，当企业之间进行数量竞争时，由于一体化企业在做决策时是将跨国公司产量视为给定的，因此，中间产品市场中的行为并不能影响企业在最终产品市场所作的决策，共谋效应也就不再存在。但实际上，企业在作最终产品市场的决策时，将中间产品市场的行为考虑在内是更符合逻辑的，从这一点看，数量竞争也许并不适合本研究问题的分析（Chen et al.，2004）。当然，当其中一个企业为斯德克尔伯格领先者（Stacklberg leader）时，共谋效应将再次出现。

关于本文与以往文献的联系，我们发现：当小国企业为上游企业，大国企业为下游企业而不是一体化企业时，此即 Ma（2013）的模型，跨国公司的选址决策取决于中间产品与最终产品运输成本的相对大小；如果两国企业都为一体化企业，那么，即相当于 Bjorvatn 和 Eckel（2006）的模型，跨国公司的选址决策取决于竞争效应与市场规模效应的共同作用；如果两国企业都为上游企业，那么，即相当于 Haufler 和 Wooton（1999）的模型，此时，大国将赢得 FDI 甚至可以对跨国公司进行征税。

2.5 本章小结

本章分析了垂直相关市场中，政府之间对 FDI 的政策竞争及其福利效应。利用非对称两国模型，假设两国各拥有一家上游企业以及一体化企业。结论表明，第一，跨国公司的选址取决于竞争效应、共谋效应以及政府补贴政策的共同作用。其中，共谋效应是指，在垂直相关市场中，当下游企业向其竞争对手购买某种重要的中间产品时，由于企业在最终产品市场的行为会影响来自中间产品市场的利润，因此，企业之间会有动机进行共谋以降低最终产品市场的竞争，提高市场均衡价格，从而两企业都可以获得更高的利润。竞争效应是指，跨国公司在不存在其他竞争者的市场环境中，生产运营获得的收益，即企业作为当地市场中的唯一生产者，将从竞争较低的市场环境中获益。第二，政府的政策竞争有可能使社会福利降低，也有可能使社会福利提高。本文的分析对于国际投资政策具有重要的意义。对国际上“政府之间的 FDI 竞争到底是有利还是不利”的争论，我们表明：当一国比较优势较强，即两国非对称性较显著时，FDI 竞争将会提高社会福利，此时，税收竞争是更有利的；而当一国比较优势较弱，即两国非对称性不那么显著时，FDI 竞争将会使社会福利降低，此时，税收协调是更有利的。

第3章 战略性经营者激励与市场进入模式选择

3.1 引　　言

跨国公司海外市场进入模式的选择问题，由于关系到企业国际化战略而受到广泛关注，大量文献对此进行了研究。Horstmann & Markusen（1992）利用两阶段博弈模型分析了不完全竞争市场中，跨国公司的市场进入模式选择问题。模型中，潜在跨国公司可以选择出口或者 FDI 的方式进入或不进入外国市场。结论表明，当出口成本相对 FDI 成本较高时，跨国公司选择 FDI，反之则选择出口。Brainard（1993）认为跨国公司在出口与 FDI 之间的选择取决于就近——集中权衡原则（Proximity-concentration tradeoff）：相对于出口，企业选择 FDI 会获得就近收益，即把子公司设在东道国从而节省运输等贸易成本；但另一方面，FDI 也会产生投资建厂等固定费用。因此，跨国公司决策取决于出口与 FDI 两种方式成本之间的权衡。接下来的相关文献，包括 Ethier & Markusen（1996）、Markusen & Venables（1998，2000）以及 Helpman et al.（2004）等，无论从相互倾销角度、H－K 垄断竞争角度还是企业异质性角度，在分析跨国公司市场进入模式选择时，本质上都是基于出口与 FDI 之间的成本收益权衡。目前，该领域的研究已比较成熟，相关文献综述请参见 Hennart & Park（1993）、Neary（2002，2009），在此不再赘述。

以往文献都是针对古典企业的分析，并没有考虑现代企业，即所有权与经营权分离的企业。根据Vickers（1985）、Sklivas（1987），所有权与经营权的分离给企业一个偏离利润最大化目标的机会，这种战略性优势使企业经营者在数量竞争时，更有积极性低估成本、注重市场份额，价格竞争时，更有积极性高估成本、注重收益，从而获取最大的利润。我们认为，所有权与经营权分离与否，会影响企业目标从而影响企业行为，包括进入外国市场的模式选择，这也正是本文要分析的问题。

具体来说，本文分析了所有权与经营权分离与否是如何影响跨国公司在出口与FDI之间选择的。本文沿用经典国际市场份额竞争的两国寡头模型，并考虑了数量竞争和价格竞争两种情况。模型中，两国各有一家企业，即本国企业和外国企业。现本国企业决定进入外国市场，与外国企业在外国市场上进行竞争，它面临进入模式选择的问题：选择出口还是FDI的方式进入海外市场，正如前面所讲，跨国公司的市场进入模式选择取决于成本收益权衡，此阶段与以往文献一致。现在我们进一步，考虑不同组织形式下的企业在决策时有何不同。我们定义，古典企业即所有权与经营权两权未分离的企业，此时，企业的所有者即经营者，他们的目标即企业利润最大化。而现代企业即所有权与经营权两权分离的企业，根据Fershtman & Judd（1987）、Sklivas（1987），此时，企业会分别具有一个所有者和一个经营者。所有者把产量（价格）决策权代理给经营者，只选择经营者激励。由于经营者的目标是最大化给定激励合同下的工资报酬，因此，此时的企业可能偏离利润最大化目标。

根据就近－集中权衡原则，当FDI收益低于FDI投资成本时，企业选择FDI；反之，选择出口。FDI收益越大，意味着企业可以承受的FDI成本越高，从而更容易选择FDI；类似的，FDI收益越小，意味着企业可承受的FDI成本越低，进而更容易选择出口。根据这个思想，首先，我们考虑外国企业是古典企业（排除外国企业所有权形式的可能影响），经营者激励外生给定的基本模型中，当本国企业分别为古典和现代企业时，FDI 收益有何变化。如果该值变高，那么说明，现代企业比古典企业更倾向于选择FDI；反之，更倾向于选择出口。其次，我们分别讨论经营者激励内生化、现代企业所有者作市场进入模式选择的决策，以及考虑外国企业所有权形式的扩展模型。

我们的结论是，相对于古典企业，两权分离的现代企业在数量竞争时更倾向于选择 FDI，在价格竞争时更倾向于选择出口。具体来说，第一，模型中假设经营者的工资待遇为企业利润与收益的线性函数。根据包络定理，我们发现所有者选择的合同越“激进”，即经营者更倾向于低估成本、更加注重市场份额时，经营者所得报酬越高；所有者选择的合同越“保守”，即经营者更倾向于高估成本、更加注重收益时，经营者所得报酬越低。第二，当两企业进行数量竞争时，两企业产量间是战略性替代关系，跨国公司所有者希望选择较“激进”

的经营者激励，使反应函数向外移动，占领更大的市场份额，此时，经营者所得报酬更高、更倾向于低估成本，也就代表可以承受的 FDI 成本也较高，因此更易选择 FDI；价格竞争情况下，两企业价格间是战略性互补关系，跨国公司希望选择较“保守”的经营者激励，使反应函数向外移动，促使对方制定较高的价格从而获取更高的利润，而这意味着经营者所得报酬较低、更倾向于高估成本，因此更倾向于选择出口。

扩展模型里，我们还分析了外国企业为现代企业以及所有者进行市场进入模式决策时的情况。当外国企业的所有权与经营权分离时，它也会获得战略性优势，两企业具体利润会发生改变，但无论如何，所有者选择使自己反应函数向外移动的结论一直成立，因此，前面结论也依然成立。接下来考虑所有者进行市场进入模式选择决策时的情况。此时，我们发现，无论是数量竞争还是价格竞争，现代企业都会比古典企业更倾向于选择 FDI。这是因为，当所有者进行决策时，其目标是利润最大化。而所有权与经营权分离使企业偏离利润最大化目标的这种战略性效应，反而使企业得到更高的利润（Vickers，1985）。更高的利润意味着企业可以承受更高的 FDI 成本，从而更容易选择 FDI。

本文的贡献在于，在 Brainard（1993）就近 – 集中权衡基础上，引入新的权衡因素，考虑到所有权与经营权分离时的战略效应影响，增加了企业在进行市场进入模式决策时的选择集，从企业自身另一个角度分析了影响其市场进入模式的因素。

与本文相关的经验文献，Bhaumik et al.（2010）利用印度汽车和制药行业 2000—2006 年 5 410 家企业面板数据，选取两种企业所有权形式，即家族企业与集中所有权形式的企业为分析对象，研究了企业所有权形式对 FDI 行为（表现为海外资产占比）的影响。该文对家族企业的定义为，企业唯一的最大股东是否某个家族或企业是否隶属于某个商业集团（Affiliated to a business group），企业所有权集中度则用股东股权的相关指数（Herfindahl 指数）来衡量。经验结果表明，家族企业以及所有权集中的企业更不容易进行海外投资。可以发现，这与我们在数量竞争中的结论是相符的。

本章后续安排如下：第二部分，模型建立；第三部分，分析外生化经营者激励的基本模型；第四部分，对三种扩展模型进行讨论，第五、第六部分，结论和本章小结。

3.2 模型建立

考虑两个国家，本国与外国，他们各有一家企业从事生产，即本国企业和外国企业，用$i, i \in \{d, f\}$表示，两企业都以相同成本c生产差别可替代产品。现本国企业决定进入外国市场，通过出口或 FDI。如果选择出口，那么，企业将为每单位产品支付运输成本t，代表企业远离目的市场的劣势；[①]如果选择 FDI，企业将节省运输成本，但会发生一次性投资固定成本f，如投资厂房、设备等需要的资金。

对于企业，考虑两种所有权形式。如果是所有权与经营权未分离的古典企业，那么，企业的所有者即经营者，他们的目标是利润（π_i）最大化。而现代企业的所有权和经营权是分离的，这就为企业所有者提供了一个作出“可置信承诺”的机制，使其拥有偏离利润最大化目标的机会，获得相对的竞争优势。具体来说，企业所有者根据企业利润（π_i）和收益（R_i）的某个加权值来衡量经营者的表现，权重的选择即对经营者激励合同的选择，我们用$g_i, i \in \{d, f\}$来表示。g_i越高，代表经营者的工资待遇越高或被解雇的概率越小。我们把g_i写成利润和收益的线性函数：

$$\begin{aligned} g_i &= \lambda \pi_i + (1-\lambda) R_i \\ &= R_i - \lambda C_i, i = d, f \end{aligned}$$

λ越小，意味着经营者越“激进”（Aggressive），越有积极性低估成本，更加注重市场份额。基本模型里，我们假设外生化给定的经营者激励，然后在扩展模型里讨论其内生化的情况，发现结论是一致的。此外，在本文我们约定，公式上标的e与F代表本国企业分别选择出口与 FDI 的情况，下标d与f分别代表的是本国和外国企业。例如，π_d^e即本国企业在选择出口时的利润。

对于消费者，假定代表性消费者的偏好可以用拟线性效用函数来表示，[②]

$$U(x_d, x_f, y) = u(x_d, x_f) + y$$

---

① 也可理解为船舶成本、贸易壁垒、语言或文化差异，以及关于消费者信息反馈的时间成本等。关于进入壁垒的讨论，参见 Tirole（1988）第八章。

② 这里的效用函数沿用 Singh & Vives（1984）中的形式。

其中，x_d、x_f 分别代表消费者对本国和外国企业产品的消费量，y 是计数商品。并且：

$$u(x_d,x_f)=a(x_d+x_f)-\frac{1}{2}(bx_d^2+2x_dx_f+bx_f^2)$$ ①

用 p_i 代表每家企业的产品价格，因此，间接需求函数为：

$$p_i=a-bx_i-x_j$$

从而，直接需求函数为：

$$x_i=\alpha+\beta p_j-\gamma p_i$$

其中：

$$\beta=\frac{1}{b^2-1}，\ \gamma=\frac{b}{b^2-1}，\ \alpha_i=\frac{a}{b+1}，\ i,j=d,f,i\neq j$$

a 一定程度上代表了市场规模，且 $a>c+t$；自价格效应大于交叉效应，因此，$b>1$，$\beta<\gamma$。

3.3 模型分析

我们先分析数量竞争时的情况。并且，在基本模型中，假定外国企业为古典企业；以及在现代企业中，市场进入模式的选择由经营者作决策。②

3.3.1 数量竞争

如果本国企业为古典企业且选择出口，那么，每单位产品会产生运输成本 t，企业选择产量以最大化利润：

$$\max_{x_d}\pi_d^e=(p_d-c-t)x_d$$

由一阶条件可得本国企业的反应函数为：

$$x_d=\frac{a-c-t-x_f}{2b} \tag{3.1}$$

① 如果模型使用效用函数 $u(x_d,x_f)=a_dx_d+a_fx_f-\frac{1}{2}(bx_d^2+2x_dx_f+bx_f^2)$，依然可以得到与本文相同的结论。

② 关于外国企业为现代企业以及所有者作决策的情况，请见模型扩展部分的分析。

外国企业位于东道国内，没有运输成本，因此，其目标函数为：

$$\max_{x_f} \pi_f^e = (p_f - c)x_f$$

由一阶条件可得外国企业的反应函数为：

$$x_f = \frac{a - c - x_d}{2b} \tag{3.2}$$

可以发现，数量竞争下，两企业产量之间是战略性替代关系，双方都想提高自己的产量、压低对方产量、占领更大的市场份额。两条反应函数交点即均衡状态，求得均衡时，本国企业的产量与利润为：

$$x_d^e = \frac{(2b-1)(a-c) - 2bt}{4b^2 - 1}$$

$$\pi_d^e = \frac{b\left[(2b-1)(a-c) - 2bt\right]^2}{(4b^2 - 1)^2}$$

本国企业利润是运输成本 t 的减函数，运输成本越小，利润越高。记出口时的利润为 $\pi(t)$，那么，当企业选择 FDI，即位于东道国市场内，运输成本为零时的利润为：

$$\pi_d^F = \pi(0) - f = \frac{b[(2b-1)(a-c)]^2}{(4b^2-1)^2} - f$$

因此，可得该情况下，FDI 收益为：

$$\Delta\pi^{1c} = \pi(0) - \pi(t) = \frac{4b^2 t[(2b-1)(a-c) - bt]}{(4b^2-1)^2}$$

在这里，FDI 收益 $\Delta\pi^{1c}$，即该情况下企业能接受的 FDI 成本的最大值。如果实际 FDI 成本低于 FDI 收益，即 $f < \Delta\pi^{1c}$，企业选择 FDI；如果实际 FDI 成本高于 FDI 收益，即 $f > \Delta\pi^{1c}$，企业则选择出口。

接下来，我们看本国企业为现代企业时的情况。此时，所有者把产量决策权代理给经营者，经营者根据所有者提供的激励合同，选择最优产量以最大化工资报酬。因此，如果经营者选择出口，那么，企业目标可以表示为：

$$\max_{x_d} g_d^e = p_d x_d - \lambda(c+t)x_d$$

由一阶条件可得本国企业的反应函数为：

$$x_d = \frac{a - \lambda(c+t) - x_f}{2b} \tag{3.3}$$

外国企业的反应函数依然为式（3.2）。可以发现，经营者激励 λ 只影响本国企业反应函数，它给了企业一个可以操纵其反应函数的机会。$\lambda=1$，即代表所有权与经营权未分离的古典企业。并且，根据包络定理：

$$\frac{\mathrm{d}g}{\mathrm{d}\lambda}=\underbrace{\frac{\partial g}{\partial x}\bullet\frac{\mathrm{d}x}{\mathrm{d}\lambda}}_{\text{间接影响}}+\underbrace{\frac{\partial g}{\partial \lambda}}_{\text{直接影响}}=-(c+t)x_d<0$$

（0）　（－）

经营者所得工资一方面受经营者激励的直接影响，另一方面，也会受其间接影响，通过产量来作用。根据经营者目标最大化的一阶条件，其中的间接作用为零。又由于经营者激励对其工资的直接影响为负，所以，经营者激励 λ 值越大，经营者所得报酬越低；经营者激励 λ 值越小，经营者所得报酬越高。因此，相比于古典企业时的 $\lambda=1$，如果现代企业的所有者选择的经营者激励 $\lambda<1$，本国企业反应函数将向外移动，本国企业产量增加。由于数量竞争时，两企业产量为战略性替代关系，所以，外国企业产量降低，本国企业市场份额扩大，经营者所得的报酬也将提高；同理，如果经营者激励 $\lambda>1$，那么，本国企业的反应函数向内移动，本国企业市场份额降低，经营者获得的工资报酬也将下降。我们把两权分离带来的这种效应称为战略性效应，如图 3.1 所示。

根据以上条件，可以求得均衡时，本国企业经营者的工资报酬具体为：

$$g_d^e=\frac{b[2b(a-\lambda t-\lambda c)-(a-c)]^2}{(4b^2-1)^2}$$

同样的，如果记出口时的经营者工资为 $g_d^e=g(t)$，那么，本国企业选择 FDI 时，经营者工资则是：

$$g_d^F=g(0)-\lambda f=\frac{b[2b(a-\lambda c)-(a-c)]^2}{(4b^2-1)^2}-\lambda f$$

从而可得本国企业为现代企业时的 FDI 收益为：

$$\Delta g^{2c}=\frac{g(0)-g(t)}{\lambda}=\frac{4b^2t[2b(a-\lambda c)-(a-c)-\lambda bt]^2}{(4b^2-1)^2}$$

FDI 收益 Δg^{2c}，即该情况下本国企业可以承受的 FDI 最高投资成本的临界值。如果 FDI 收益大于 FDI 成本，即 $\Delta g^{2c}\geqslant f$，企业将选择 FDI；反之，则选择出口。

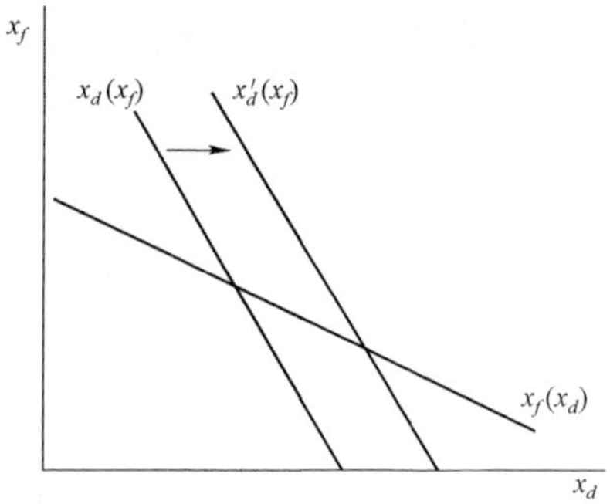

图 3.1　数量竞争时，两企业产量间是战略性替代关系

现在，我们比较所有权与经营权分离前后，本国企业可以承受的最高 FDI 成本临界值有何变化。很显然，由于：

$$\left.\frac{\partial \Delta g^{2c}}{\partial \lambda}\right|_{\lambda=1}=\frac{4b^2tx_d^e(-2bc-bt)}{4b^2-1}<0$$

因此，相比于古典企业，如果 $\lambda<1$，那么 $\Delta g^{2c}>\Delta\pi^{1c}$，即两权分离的现代企业比未分离的古典企业可以承受更高的 FDI 成本，现代企业更容易选择 FDI；如果 $\lambda>1$，那么 $\Delta g^{2c}<\Delta\pi^{1c}$，即现代企业只能比古典企业承受更低的 FDI 成本，现代企业更容易选择出口。因此，我们可以得到本章第一个命题。

命题 3.1：当企业进行数量竞争时，相比于古典企业，现代企业所有者如果选择 $\lambda<1$ 的经营者激励，那么，经营者更容易选择 FDI；如果所有者选择 $\lambda>1$ 的经营者激励，那么，经营者更容易选择出口。

一般认为，在数量竞争下，所有者会选择 $\lambda<1$ 的激励。原因正如前面所说，此时，由于两企业产量之间是战略性替代关系，双方都希望自己的反应函数向外移动，从而增加自己的产量、压低对方产量，占领更大的市场份额、获取更大的利润。①事实上，在后面将经营者激励内生化的扩展模型里，我们确实也得到了 $\lambda<1$ 的结果。

为了更加清晰地看到所有权与经营权分离对市场进入模式选择的影响，固定 a、b、c 三个参数值，令 $\lambda=0.5$，以 t 为横轴、f 为纵轴进行数值模拟，可以得到图 3.2。

① Fershtman 和 Judd（1987），Sklivas（1987）与马捷（2002），都得到了此结论。

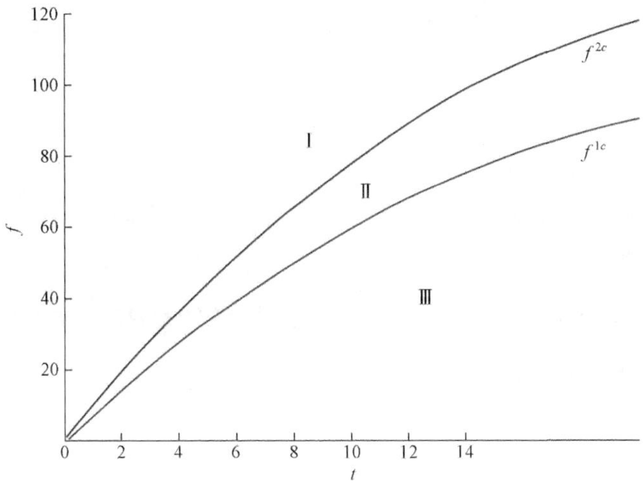

图 3.2　数量竞争下，战略性效应使现代企业更倾向于选择 FDI

根据前面的分析可知，固定其他参数，每个运输成本都会对应一个使出口与 FDI 利润相等的 FDI 固定投资成本，变动运输成本就会得到由这些点汇成的一条等利润线。在等利润线上，出口利润与 FDI 利润相等。等利润线以上的区域代表 FDI 实际成本高于其临界值，企业选择出口；等利润以下的区域代表 FDI 实际成本低于其临界值，企业选择 FDI。当本国企业为古典企业时，得到等利润线 f^{1c}，所以，企业在区域Ⅰ和Ⅱ选择出口，在区域Ⅲ选择 FDI；当本国企业是现代企业时，等利润曲线向上移动，为 f^{2c}，企业在区域Ⅰ选择出口，在区域Ⅱ和Ⅲ选择 FDI。可以发现，其他条件不变，仅是两权分离就使企业获得更高的 FDI 收益，从而更容易选择 FDI。这表现在，现代企业时的 FDI 区域范围变大了。如果说就近－集中权衡原则解释了企业在区域Ⅰ和Ⅲ的选择，那么，我们的贡献就在于发现了数量竞争时，两权分离的战略性效应使 FDI 区域扩张了Ⅱ部分。

背后的直觉是，当所有者选择 $\lambda<1$ 的经营者激励时，正如图 3.1 所示，本国企业反应函数向外移动，本国企业市场份额扩大，经营者所得报酬增加。相比于古典企业，此时，经营者更加注重市场份额，更倾向于低估成本。这都意味着企业可以承受更高的 FDI 成本，因此，选择 FDI 的范围更大。换句话说，所有权与经营权的分离使现代企业更加容易选择 FDI。同理，如果所有者选择 $\lambda>1$ 的经营者激励，本国反应函数向内移动，本国企业市场份额减小，经营者所得工资下降；并且此时，经营者更加注重利润，倾向于高估成本，因此，现代企业只能承受比古典企业更低的 FDI 成本，也就更容易选择出口。

3.3.2 价格竞争

现在，我们分析企业之间进行价格竞争的情况。同样的，本部分假设外国企业为古典企业，并且现代企业中，由经营者进行市场进入模式选择的决策。

首先，当本国企业为古典企业时，如果选择出口，其目标为：

$$\max_{p_d} \pi_d^e = (p_d - c - t)x_d = (p_d - c - t)(\alpha + \beta p_f - \gamma p_d)$$

由一阶条件得到本国企业的反应函数为：

$$p_d = \frac{\alpha + \gamma(c+t) + \beta p_f}{2\gamma} \tag{3.4}$$

同理可得外国企业的反应函数为：

$$p_f = \frac{\alpha + \gamma c + \beta p_d}{2\gamma} \tag{3.5}$$

在价格竞争情况下，两企业价格之间为战略性互补关系，双方都想制定高价格，以提高对方的价格、获取更高的利润。两条反应函数的交点即均衡状态，计算得到均衡时，本国企业利润为：

$$\pi_d^e = \frac{\gamma[2\gamma\alpha + \beta(\alpha+\gamma c) + (\beta^2 - 2\gamma^2)(c+t)]^2}{(4\gamma^2 - \beta^2)^2}$$

与数量竞争时相同，本国企业在选择出口时，其利润为运输成本的减函数。记出口时的利润为 $\pi_d^e = \pi(t)$，因此，如果企业选择 FDI，其利润则为：

$$\pi_d^F = \pi(0) - f = \frac{\gamma[2\gamma\alpha + \beta(\alpha+\gamma c) + (\beta^2 - 2\gamma^2)c]^2}{(4\gamma^2 - \beta^2)^2} - f$$

因此，FDI 收益为：

$$\Delta\pi^{1b} = \pi(0) - \pi(t) = \frac{(2\gamma^2 - \beta^2)t\gamma[4\gamma\alpha + 2\beta(\alpha+\gamma c) + (\beta^2 - 2\gamma^2)(t+2c)]}{(4\gamma^2 - \beta^2)^2}$$

在这里，FDI 收益 $\Delta\pi^{1b}$ 即该情况下企业可以承受的 FDI 成本最高临界值。如果 FDI 实际成本高于 FDI 收益，即 $f > \Delta\pi^{1b}$，企业选择出口；如果 FDI 实际成本低于 FDI 收益，即 $f < \Delta\pi^{1b}$，企业则选择 FDI。

接下来，我们分析当本国企业为现代企业时的情况。如果经营者选择出口，那么，企业目标为：

$$\max_{p_d} g_d^e = p_d x_d - \lambda(c+t)x_d$$

由一阶条件可得本国企业的反应函数：

$$p_d = \frac{\alpha + \lambda\gamma(c+t) + \beta p_f}{2\gamma} \tag{3.6}$$

外国企业的反应函数不变，为式（3.5）。本国企业的经营者激励 λ 只影响本国企业的反应函数。$\lambda=1$，即代表所有权与经营权未分离的古典企业。并且，与数量竞争情况相同，根据包络定理：

$$\frac{\mathrm{d}g}{\mathrm{d}\lambda} = \underbrace{\frac{\partial g}{\partial p}\frac{\mathrm{d}p}{\mathrm{d}\lambda}}_{\text{间接影响}} + \underbrace{\frac{\partial g}{\partial \lambda}}_{\text{直接影响}} = -(c+t)x_d < 0$$

（0）　（−）

可以发现，与数量竞争时的情况类似，经营者工资一方面受经营者激励的直接影响，另一方面，也通过价格受其间接影响。根据经营者目标最大化的一阶条件，间接影响为零。经营者激励对其工资发生负的直接影响，因此，价格竞争下，相对于古典企业，如果经营者激励 $\lambda>1$，本国企业反应函数向外移动，本国产品价格上升、经营者工资下降，由于价格竞争下，两企业产品价格为战略性互补关系，外国产品价格也将上升；如果经营者激励 $\lambda<1$，本国企业反应函数向内移动，本国产品价格下降、经营者工资上升，外国产品价格也随之下降。如图 3.3。

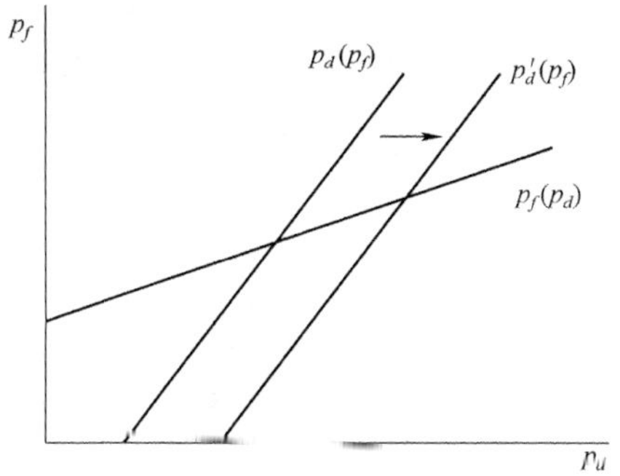

图 3.3　价格竞争时，两企业价格间是战略性互补关系

根据以上条件，可求得经营者的工资报酬为：

$$g_d^e = \frac{\gamma[2\gamma\alpha + \beta(\alpha + \gamma c) + \lambda(\beta^2 - 2\gamma^2)(c+t)]^2}{(4\gamma^2 - \beta^2)^2}$$

同样的，如果记经营者选择出口时的工资报酬为 $g_d^e = g(t)$，那么，当经营者选择 FDI 时的工资报酬则为：

$$g_d^F = g(0) - \lambda f = \frac{\gamma[2\gamma\alpha + \beta(\alpha + \gamma c) + \lambda(\beta^2 - 2\gamma^2)c]^2}{(4\gamma^2 - \beta^2)^2} - \lambda f$$

因此，可得此时的 FDI 收益为：

$$\Delta g^{2b} = \frac{g(0) - g(t)}{\lambda} = \frac{(2\gamma^2 - \beta^2)t\gamma[4\gamma\alpha + 2\beta(\alpha + \gamma c) + \lambda(\beta^2 - 2\gamma^2)(t + 2c)]}{(4\gamma^2 - \beta^2)^2}$$

同理，Δg^{2b} 即该情况下本国企业的 FDI 收益，它代表企业可以承受的 FDI 成本最高临界值。如果 FDI 实际成本大于 FDI 收益，即 $f > \Delta g^{2b}$，企业将选择出口；如果 FDI 实际成本低于 FDI 收益，即 $f < \Delta g^{2b}$，企业将选择 FDI。

可以发现，如果经营者激励 $\lambda > 1$，那么，$\Delta g^{2b} < \Delta \pi^{1b}$，即现代企业的经营者只能承受比古典企业更低的 FDI 成本，也就更容易选择出口；如果经营者激励 $\lambda < 1$，那么，$\Delta g^{2b} > \Delta \pi^{1b}$，即现代企业的经营者可以承受比古典企业更高的 FDI 成本，也就更容易选择 FDI。因此，我们得到本章第二个命题。

命题 3.2：当企业进行价格竞争时，相比于古典企业，现代企业所有者如果选择 $\lambda < 1$ 的经营者激励，那么，现代企业更容易选择 FDI；如果所有者选择 $\lambda > 1$ 的经营者激励，那么，现代企业更容易选择出口。

一般认为，在价格竞争下，所有者会选择 $\lambda > 1$ 的经营者激励，这样使自己的反应函数向外移动、价格提高，从而使对方价格更高而增加己方利润。[①]实际上，在后面内生化经营者激励的计算中，我们确实得到了 $\lambda > 1$ 的结果。为了更清晰地看到价格竞争下，所有权与经营权分离带来的战略性效应对市场进入模式选择的影响，固定 a、b、c 三个参数值，令 $\lambda = 1.3$，以 t 为横轴、f 为纵轴进行数值模拟，得到图 3.4。

与数量竞争情况下相同，每个运输成本都会对应一个使出口与 FDI 利润相等的 FDI 成本；变动运输成本，就会得到一条等利润线。等利润线以上，FDI 成本大于 FDI 收益，企业选择出口；等利润线以下，FDI 成本小于 FDI 收益，企业选择 FDI。通过数值模拟，我们得到古典企业与现代企业的等利润线分别为 f^{1b}

① Fershtman 和 Judd（1987），Sklivas（1987）与马捷（2002），都得到了此结论。

与 f^{2b}。因此，古典企业在区域Ⅰ选择出口，在区域Ⅱ和Ⅲ选择 FDI；现代企业的等利润线向下移动，在区域Ⅰ和Ⅱ选择出口，在区域Ⅲ选择 FDI。因此，相比于古典企业，现代企业的 FDI 范围减少了区域Ⅱ部分。换句话说，当经营者激励 $\lambda>1$ 时，相比于古典企业，现代企业更容易选择出口。

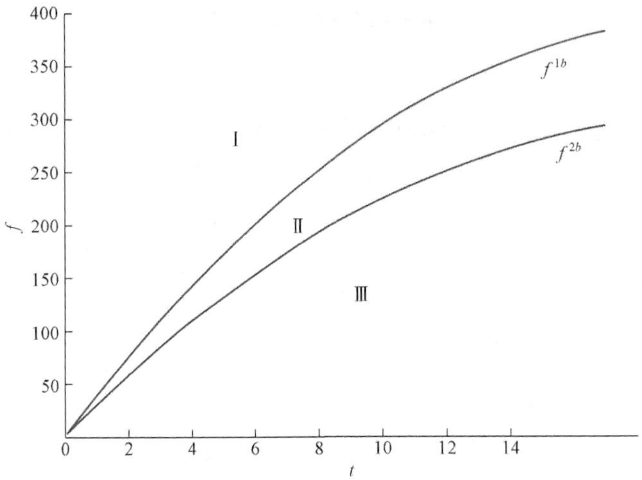

图 3.4　价格竞争下，战略性效应使现代企业更倾向于选择出口

背后的直觉是，当所有者选择 $\lambda>1$ 的经营者激励时，如图 3.3 所示，本国企业反应函数向外移动，本国产品价格提高，外国产品价格也随之提高。相比于古典企业，现代企业的经营者所得工资报酬降低，更容易高估成本。这意味着，现代企业的经营者现在只能忍受更低的 FDI 成本，所以更易选择出口。同理，当所有者选择 $\lambda<1$ 的经营者激励时，本国企业反应函数向内移动，本国产品价格下降，外国产品价格也随之下降。相比于古典企业，现代企业的经营者所得工资报酬提高，更易低估成本。因此，该情况下，经营者更易选择 FDI。

3.4　扩展模型分析

根据以上分析，在外生化经营者激励情况下，无论是数量竞争还是价格竞争，我们得到相同的结论：相比于古典企业，现代企业更容易选择出口还是 FDI，取决于所有者选择的经营者激励。如果 $\lambda>1$，现代企业更容易选择出口；如果

$\lambda<1$，现代企业更容易选择 FDI。那么，本文中，所有者究竟具体会选择什么样的经营者激励呢？

首先，数量竞争情况下，考虑经营者激励的内生化，如果企业选择出口，本国企业所有者选择经营者激励 λ_d^e 以最大化利润：

$$\max_{\lambda_d^e} \pi_d^e = (p_d - c - t)x_d$$

可得该情况下的经营者激励为：

$$\lambda_d^e = \frac{2b[(4b^2-1)(c+t)-a]+a-c}{4b(c+t)(2b^2-1)}$$

λ_d^e 的分子减分母等于 $(1-2b)(a-c)+2bt<0$，所以 $\lambda_d^e<1$。

如果本国企业选择 FDI，同理可得在该种情况下所有者选择的激励为：

$$\lambda_d^F = \frac{2b[(4b^2-1)c-a]+(a-c)}{4bc(2b^2-1)}$$

由于 $\lambda_d^F - \lambda_d^e = \dfrac{t(-2ab+a-c)}{4bc(2b^2-1)(c+t)}$，又 $2ab-a+c>2bc+bt>0$，所以 $\lambda_d^F<\lambda_d^e<1$.

价格竞争情况下，当本国企业选择出口时，所有者选择经营者激励使利润最大化，即：

$$\max_{\lambda_d^e} \pi_d^e = (p_d - c - t)x_d$$

由利润最大化一阶条件可得：

$$\lambda_d^e = \frac{\beta^2[2\gamma\alpha+\beta(\alpha+\gamma c)]+(4\gamma^2-\beta^2)(2\gamma^2-\beta^2)(c+t)}{4\gamma^2(c+t)(2\gamma^2-\beta^2)}$$

λ_d^e 的分子减分母等于 $\beta^2[2\gamma\alpha+\beta(\alpha+\gamma c)+(\beta^2-2\gamma^2)(c+t)]>0$，所以 $\lambda_d^e>1$。

同理可得，当本国企业选择 FDI 时的经营者激励为：

$$\lambda_d^F = \frac{\beta^2[2\gamma\alpha+\beta(\alpha+\gamma c)]+(4\gamma^2-\beta^2)(2\gamma^2-\beta^2)c}{4\gamma^2 c(2\gamma^2-\beta^2)}$$

因为 $\lambda_d^F - \lambda_d^e = \dfrac{t\beta^2[2\gamma\alpha+\beta(\alpha+\gamma c)]}{4\gamma^2 c(2\gamma^2-\beta^2)}>0$，所以 $\lambda_d^F>\lambda_d^e>1$。

由以上证明，可得到本章第三个命题。

命题 3.3：考虑内生化经营者激励的模型，我们得到：数量竞争时，经营者

激励 $\lambda_d^F < \lambda_d^e < 1$，现代企业更容易选择 FDI；价格竞争时，经营者激励 $\lambda_d^F > \lambda_d^e > 1$，现代企业更容易选择出口。

这告诉我们：第一，在我们考虑的战略均衡中，相比于古典企业，当企业进行数量竞争时，所有者选择激励 $\lambda > 1$，经营者会低估成本；当企业进行价格竞争时，所有者选择激励 $\lambda < 1$，经营者会高估成本。第二，相比于出口，当企业选择 FDI 时，反应函数向外移动，使企业在数量竞争中更有积极性低估成本，价格竞争中更有积极性高估成本。该结果验证了之前的推测，也与以往文献的结论一致。

正如上部分已经分析的，所有者选择的激励 λ 越小，经营者越容易选择 FDI；所有者选择的激励 λ 越大，经营者越容易选择出口。现在，我们发现，数量竞争时不但 $\lambda < 1$，并且 $\lambda_d^F < \lambda_d^e$，即所有者在 FDI 时选择的经营者激励相比于出口时减小，反应函数可以进一步向外移动，从而提高 FDI 收益。同理，价格竞争时，经营者激励不但 $\lambda > 1$，并且 $\lambda_d^F > \lambda_d^e$，即所有者在 FDI 下选择的经营者激励相比于出口时增大，反应函数进一步向外移动，降低 FDI 收益。这些都进一步地支持了以上结论。

另外，基本模型里假设外国企业为古典企业。接下来，我们分析当外国企业为现代企业时的情况。此时，所有权与经营权的分离使外国企业也获得了战略性优势，通过选择最优的经营者激励，使自己反应函数向外移动，提高自己的产量或价格，从而获取更高的利润。然而，本国企业的所有者在了解到这些信息后，数量竞争下会选择进一步更低的，或价格竞争时更高的经营者激励。无论两企业利润具体如何改变，数量竞争时的经营者激励 $\lambda < 1$ 以及价格竞争时的经营者激励 $\lambda > 1$ 的结论会始终成立，从而前面得到的结论也将成立。

具体来说，数量竞争情况下，当本国是古典企业时，本国企业的反应函数为式（3.1），外国企业反应函数为：

$$x_f = \frac{a - \lambda_f c - x_d}{2\gamma} \tag{3.7}$$

根据一阶条件，计算得到外国企业所有者选择的经营者激励以及本国企业的 FDI 收益分别是：

$$\lambda_f^e = \frac{2b[(4b^2-1)c-a]+a-c-t}{4bc(2b^2-1)} \quad \lambda_f^F = \frac{2b[(4b^2-1)c-a]+a-c}{4bc(2b^2-1)}$$

$$\Delta\pi^{3c}=b\frac{[2b(a-c)-(a-\lambda_f^F c)]^2-[2b(a-c-t)-(a-\lambda_f^e c)]^2}{(4b^2-1)^2}$$

并且，$\lambda_f^e<\lambda_f^F<1$，即在本国选择出口时，外国企业会选择比 FDI 时更小的经营者激励。

当本国企业是现代企业，可得该情况下的 FDI 收益以及本国企业与外国企业所有者选择的激励分别是：

$$\Delta g^{4c}=\frac{b}{\lambda_d^F}\frac{[2b(a-\lambda_f^F c)-(a-\lambda_f^F c)]^2-[2b(a-\lambda_d^e c-\lambda_d^e t)-(a-\lambda_f^e c)]^2}{(4b^2-1)^2}$$

其中：

$$\lambda_d^F=\lambda_f^F=\frac{2bc(4b^2-1)+(1-2b)a}{(8b^3-4b+1)c}$$

$$\lambda_d^e=\frac{(8b^3-4b+1)[2bc(4b^2-1)+(1-2b)a]+8b^2(2b^2-1)(4b^2-1)t}{(8b^3-4b+1)(8b^3-4b-1)(c+t)}$$

$$\lambda_f^e=\frac{(8b^3-4b+1)[2bc(4b^2-1)+(1-2b)a]-2b(4b^2-1)t}{(8b^3-4b+1)(8b^3-4b-1)c}$$

同样可以得到 $\lambda_d^F<\lambda_d^e<1$，$\lambda_f^e<\lambda_f^F<1$。数值模拟结果发现 $\Delta g^{4c}>\Delta\pi^{3c}$，即当外国企业是现代企业且进行数量竞争，那么，本国的现代企业比古典企业更易选择 FDI。

当本国现代企业的所有者决定出口还是 FDI 时，数值模拟结果显示，$\Delta\pi^{4c}>\Delta\pi^{3c}$，说明所有者作决策得到的结果不变，即现代企业更易进行 FDI。外国企业是现代企业时的结论，与外国企业是古典企业时的结论一致。

价格竞争情况下，当本国企业是古典企业时，外国企业在本国企业选择出口和 FDI 时选择的激励分别是：

$$\lambda_f^e=\frac{\beta^2[2\gamma\alpha+\beta(\alpha+\gamma c+\gamma t)]+(4\gamma^2-\beta^2)(2\gamma^2-\beta^2)c}{4\gamma^2 c(2\gamma^2-\beta^2)}$$

$$\lambda_f^F=\frac{\beta^2[2\gamma\alpha+\beta(\alpha+\gamma c)]+(4\gamma^2-\beta^2)(2\gamma^2-\beta^2)c}{4\gamma^2 c(2\gamma^2-\beta^2)}$$

以及 FDI 收益为：

$$\Delta\pi^{3b}=\frac{\gamma}{(4\gamma^2-\beta^2)^2}\{[(2\gamma+\beta)\alpha+(\beta^2-2\gamma^2)c+\beta\lambda_f^F c\gamma]^2-[(2\gamma+\beta)\alpha+(\beta^2-2\gamma^2)(c+t)+\beta\lambda_f^e c\gamma]^2\}$$

同样，我们也可以得到 $\lambda_f^e > \lambda_f^F > 1$，在本国选择 FDI 时，外国企业会选择比出口更小的 λ。

当本国企业是现代企业且是经营者作决策时，相应的结果是：

$$\lambda_f^e = \frac{(8\gamma^3 - 4\gamma\beta^2 + \beta^3)[\beta^2\alpha(2\gamma+\beta) + (4\gamma^2-\beta^2)(2\gamma^2-\beta^2)c] + \beta^3(4\gamma^2-\beta^2)(2\gamma^2-\beta^2)t}{(8\gamma^3-4\gamma\beta^2+\beta^3)(8\gamma^3-4\gamma\beta^2-\beta^3)\gamma c}$$

$$\lambda_d^e = \frac{(8\gamma^3 - 4\gamma\beta^2 + \beta^3)[\beta^2\alpha(2\gamma+\beta) + (4\gamma^2-\beta^2)(2\gamma^2-\beta^2)c] + 4\gamma t(4\gamma^2-\beta^2)(2\gamma^2-\beta^2)}{\gamma(c+t)(8\gamma^3-4\gamma\beta^2+\beta^3)(8\gamma^3-4\gamma\beta^2-\beta^3)}$$

$$\lambda_d^F = \lambda_f^F = \frac{\beta^2\alpha(2\gamma+\beta) + (4\gamma^2-\beta^2)(2\gamma^2-\beta^2)c}{(8\gamma^3-4\gamma\beta^2-\beta^3)\gamma c}$$

我们也可以得到 $1 < \lambda_f^F < \lambda_f^e$，$1 < \lambda_d^e < \lambda_d^F$。并且：

$$\Delta g^{4b} = \frac{\gamma}{\lambda_d^F(4\gamma^2-\beta^2)^2}\{[(2\gamma+\beta)\alpha + (\beta^2-2\gamma^2)\lambda_d^F c + \beta\lambda_f^F c\gamma]^2 - [(2\gamma+\beta)\alpha + (\beta^2-2\gamma^2)(c+t_c)\lambda_d^e + \beta\lambda_f^e c\gamma]^2\}$$

数值模拟结果显示，$\Delta g^{4b} < \Delta\pi^{3b}$。当本国企业的所有者进行进入方式的决策时，数值模拟结果显示，$\Delta\pi^{4b} > \Delta\pi^{3b}$。价格竞争时，外国企业是现代企业，与外国企业是古典企业时的结论一致。因此，可得到本章第四个命题。

命题 3.4：如果外国企业为所有权与经营权分离的现代企业，以上命题保持成立。

前面模型中，我们考虑的是经营者进行市场进入模式选择的决策。考虑到海外市场进入模式是一件重要的企业国际化战略，那么，如果是企业所有者决定市场进入模式，结果如何呢？直觉上讲，无论何种竞争方式，现代企业的所有者总会比古典企业更容易选择 FDI。①这并不难理解，正如 Vickers（1985）所说，现代企业所有权与经营权的分离使其拥有了偏离利润最大化目标的可置信的承诺。然而，现代企业在这种战略性优势下，反而可以得到更高的利润。换种角度，古典企业只有产量或价格一种工具可以操纵；而现代企业，不仅可以选择产量或价格，还另外获得了经营者激励这一工具，从而相比于古典企业，现代企业总会得到更高的利润。又由于，不同于经营者关注自己的工资，企业所有者只关心利润。所以说，随着利润的提高，现代企业所有者可以承受的 FDI

---

① 我们也可以通过计算得到此结果。以数量竞争为例，现代企业的FDI收益为 $\Delta\pi^{2c} = \frac{t[(2b-1)(a-c)-bt]}{4b^2-2}$，并且 $\Delta\pi^{2c} > \Delta\pi^{1c}$，所以，现代企业更倾向于选择 FDI。价格竞争时，同理。

成本也提高，因此，更倾向于选择 FDI。由此，可得到本章第五个命题。

命题 3.5：如果现代企业的市场进入模式选择是由所有者作决策，那么，无论价格竞争还是数量竞争，现代企业总会比古典企业更容易选择 FDI。

3.5 结　论

运用双寡头竞争模型，本文研究了企业所有权结构对市场进入模式选择的影响。文章中，我们尽量简化模型的设定来说明最主要的问题。文章假定无论是古典企业还是现代企业，都面临一样的运输成本、生产成本以及 FDI 需要的一次性固定成本，保证了不同情况的差别只在企业的组织形式，从而分析其对企业进入模式的影响。结论是：在数量竞争情况下，两权分离的现代企业要比古典企业更容易选择 FDI；而在价格竞争情况下，现代企业比古典企业更容易选择出口。扩展模型里，我们考虑了经营者激励内生化的情况以及外国企业所有权模式的影响，并得到与基本模型一致的结论。最后，相比于古典企业，现代企业总可以获得更高的利润，因此，现代企业所有者总会更倾向于选择 FDI。

3.6 本章小结

本章运用国际寡头竞争模型，分析了所有权与经营权分离对于跨国公司市场进入模式选择的影响。在模型中，跨国公司可以选择出口或 FDI 的方式进入外国市场，并同时考虑了数量竞争与价格竞争的情况。我们表明，相对于所有权与经营权未分离的古典企业，两权分离产生的战略性效应，使现代企业在数量竞争时更倾向于选择 FDI，在价格竞争时更倾向于选择出口。

第4章 跨国公司海外投资与利润转移

4.1 引　　言

本文前面分析了跨国公司海外投资选址及市场进入模式选择相关问题。跨国公司进行海外投资，不仅可以进入当地市场、节省贸易成本、获取丰富的当地资源等，现实世界中，在各国企业所得税率不同的背景下，还可以获得利润转移从而进行跨境避税的机会。

近年来，跨国公司通过利润转移进行跨境避税的问题就引起了广泛关注。2016 年 8 月，欧盟认为，由于爱尔兰与苹果（Apple Inc.）达成的税务安排使该公司在 2003—2014 十多年里，就其欧洲利润的实际纳税率不到 1%甚至趋于零，因此，苹果需补缴 130 亿欧元的税款。经验研究也提供了相关结果支持。如 Egger et al.（2010）研究发现，在欧洲高税率国家，跨国公司的纳税额一般比当地企业低约 32%至 57%。[1]我国作为世界重要的经济体之一，也面临严重的跨国公司利润转移与税基侵蚀等问题（白思达和储敏伟，2017）。2017 年 1 月，苏州希捷工厂的关闭就与此有关。[2]

跨国公司进行跨境避税的一个重要手段是通过转移定价进行利润转移。如果跨国公司处在高（低）税率国家，而其关联企业处在低（高）税率国家，那么，跨国公司将对向关联企业提供的某种商品[3]收取较低（高）的转移价格，将利润转移到低税率国家，从而减小税负。2013 年，OECD 发起的旨在改革全球

① 关于跨国公司转移定价与利润转移的经验文献，还包括 Swenson（2001）、Bartelsman & Beetsma（2003）、Clausing（2003）等。

② 相关案例还包括谷歌（Google）将利润转移至百慕大群岛，以及亚马逊将利润转移至卢森堡等。

③ 如中间产品或子公司作为销售商时的最终产品，或者某种管理、技术等服务。

国际税收规则体系的“税基侵蚀和利润转移行动计划”就将转移定价列为重点内容。除了利润转移，不完全竞争背景下，转移价格还起到战略性竞争作用，即跨国公司通过制定较低的转移价格从而增加关联企业的竞争优势，继而抢占更多的市场份额（Schjelderup & Sorgard，1997）。

跨国公司的转移定价行为，不仅有悖于市场公平竞争原则，也会使较高税率国家的税基受到严重侵蚀。为此，各国政府实施相关转移定价规则，以控制利润转移、保护税基。目前，这些规则中应用最广泛的是 OECD 提出的公平交易原则（The arm’s length principle）。该原则认为，跨国公司内部转移价格应该与完全竞争市场上非关联企业之间的外部交易价格相等（Eden，1998）。然而，现实世界中，绝大多数市场都是不完全竞争市场。在这种背景下，公平交易原则对跨国公司行为产生何种影响、是否会损害社会福利，就成为非常重要的研究问题。本文即从市场结构角度，分析了不完全竞争市场中公平交易原则的影响。

本章接下来安排如下：首先，我们利用古诺模型简明直观地解释转移定价的利润转移及战略性效应；其次，对公平交易原则的效应进行分析。

4.2 转移定价的利润转移及战略性效应

考虑两个国家——本国与外国，其税率分别为 t_h 与 t_f。现本国的跨国公司（M）决定通过出口或 FDI 的方式进入外国市场。如果选择出口，那么，跨国公司将为每单位产品支付运输成本 t。此时，模型只进展一个阶段，即跨国公司选择产量最大化利润 π_M。跨国公司全部利润将留在本国，按 t_h 承担税负。如果选择 FDI，跨国公司在外国建立子公司（企业 1），会产生一次性固定成本 F，但可以节省运输等贸易成本且同时获得制定转移价格的机会。如子公司每生产一单位产品需要向跨国公司支付 m 价格的生产技术许可费等。[①]此时，模型进展分为两个阶段：第一阶段，跨国公司制定转移价格 m，最大化总利润 π_M；第二阶段，子公司在给定 m 情况下，选择产量最大化子公司利润 π_1。如何选择，则取决于跨国公司的成本收益权衡。

① 或者中间产品，管理、技术等无形资产转让产生的费用等。

假设外国市场的需求函数为 $p=1-q$。我们首先考虑跨国公司为垄断厂商的情况，由于此时转移价格只有利润转移效应而没有战略性竞争效应，我们可以更清楚地理解模型的作用机制。进一步的，分析寡头竞争，即外国也拥有一家当地企业（企业 2）的情况，它以相同的边际成本生产无差别可替代产品，与跨国公司在外国市场进行数量竞争。[①]为简化分析且不影响结论的前提下，假设企业的边际生产成本 $c=0$。

本文中，我们假设公平交易价格等于产品的边际成本。[②]如 Amerighi（2006）、Peralya et al.（2006）都采用了如此假设。另外，跨国公司选择的转移价格，如果偏离其真实成本，会产生成本 $\frac{1}{2}m^2$，如聘请律师、会计师以应对税务部门的审查等费用。转移价格偏离真实成本的幅度越大，该成本就越高。

4.2.1　转移价格的利润转移效应

为了清楚地理解转移价格的利润转移效应作用机制，我们假设垄断市场。此时，转移价格不存在战略性效应，只存在利润转移效应。因此，如果跨国公司选择出口，那么，模型只进行一个阶段，即跨国公司选择 q 最大化利润：

$$\max_q (1-t_h)\pi_M=(1-t_h)(1-q-t)q$$

根据一阶条件，可得跨国公司均衡时的产量与利润分别为 $q=\frac{1-t}{2}$，$\pi_M^e=\frac{(1-t_h)(1-t)^2}{4}$。

如果跨国公司选择 FDI，那么，根据逆向归纳法，在模型的第二阶段，子公司在给定转移价格的条件下，选择 q 最大化利润：

$$\max_q (1-t_f)\pi_1=(1-t_f)(1-q-m)q$$

得到均衡时的产量为 $q=\frac{1-m}{2}$。退回到第一阶段，跨国公司选择 m 以最大化利润 π_M^F：

---

① 文章第四部分讨论了价格竞争的情况。

② 这种理解可以解释公平交易原则中的两种转移价格计算方法，即可比非受控法（Comparable uncontrolled price）以及成本加成法（Cost - Plus price），这也是 OECD 最常用的两个公平交易价格计算方法（Ernst & Young, 2002）。

$$\max_m \pi_M^F = (1-t_h)mq + (1-t_f)(p-m)q - \frac{1}{2}m^2 - F$$

计算可得：

$$m^* = \frac{t_f - t_h}{3 - 2t_h + t_f}$$

可以发现，当 $t_h < t_f$ 时，则 $m^* > 0$，跨国公司选择高于边际成本的转移价格，将利润从高税率的外国转移到低税率的本国。当 $t_h > t_f$ 时，则 $m^* < 0$，跨国公司选择低于边际成本的转移价格，将利润从高税率的本国转移到低税率的外国。当 $t_h = t_f$，即无利润转移动机时，则 $m^* = 0$，转移价格等于其边际成本。

令 $F = 0$，则 $\Delta\pi = \pi_M^F - \pi_M^e$，即 FDI 收益，它代表企业位于东道国市场内部的优势，也是跨国公司可承受的 FDI 成本的最高临界值。如果 $\Delta\pi > F$，跨国公司选择 FDI；如果 $\Delta\pi < F$，跨国公司则选择出口。

接下来，我们假设运输成本 $t = 0$。根据以往文献，如果 $F = 0$，此时，跨国公司的出口与 FDI 利润应该相等。然而，该情况下：

$$\Delta\pi = \frac{(1-t_h)(1-m^*)m^*}{2} + \frac{(1-t_f)(1-m^*)^2}{4} - \frac{1}{2}m^{*2} - \frac{(1-t_h)}{4}$$

可见，$\Delta\pi$ 并不一定等于零。这意味着，即使东道国没有任何优势，跨国公司也有可能进行 FDI。原因是，在税率差异化背景下，除了节省贸易成本，跨国公司选择 FDI 还可以实现利润转移的目的。当 $t_h = t_f$，即 $m^* = 0$ 时，由于此时利润转移动机消失，因此，$\Delta\pi = 0$。从而我们得到本章第一个命题。

命题 4.1：考虑垄断市场的情况，税率差异化背景下，即使东道国没有任何优势，即当 $t = 0$ 以及 $F = 0$ 时，跨国公司也有可能进行 FDI 以实现其利润转移目的。具体来说：如果 $t_h > t_f$，跨国公司选择 FDI；如果 $t_h < t_f$，跨国公司选择出口。

命题 4.1 背后的直觉是，当 $t = 0$ 以及 $F = 0$ 时，如果 $t_h > t_f$，利润转移动机促使跨国公司选择 FDI，通过制定低于边际成本的转移价格，即 $m^* < 0$，将利润从税率较高的本国转移到税率较低的外国，从而减小税负。而如果 $t_h < t_f$，那么，跨国公司选择出口，将全部利润留在本国，按本国的较低税率承担税负。即使在 FDI 情况下，跨国公司也可以通过转移定价将利润转移到本国，但会产生额外的转移定价成本，所以，跨国公司会选择出口。

4.2.2　转移价格的战略性效应：来自古诺模型的解释

接下来，我们利用古诺模型，分析转移价格的战略性效应。寡头竞争条件下，假设外国拥有一家本地企业（企业 2），与跨国公司在外国市场进行数量竞争。无公平交易原则时，如果跨国公司选择出口，子公司与外国企业同时选择产量以最大化利润：

$$\max_{q_1}(1-t_f)\pi_M=(1-t_h)(1-q_1-q_2-t)q_1$$

$$\max_{q_2}(1-t_f)\pi_2=(1-t_f)(1-q_1-q_2)q_2$$

计算得到均衡时市场产量为$q=\frac{2-t}{3}$，以及跨国公司利润为$\pi_M^e=\frac{(1-t_h)(1-2t)^2}{9}$。

当跨国公司选择 FDI 时，在模型的第二阶段，子公司在给定转移价格条件下，选择q_1与外国企业进行寡头竞争：

$$\max_{q_1}(1-t_f)\pi_1=(1-t_f)(1-q_1-q_2-m)q_1$$

由一阶最优条件可得子公司反应曲线为：

$$q_1=\frac{1-m-q_2}{2}$$

外国企业目标与出口情况下相同。数量竞争时，两企业产量之间为战略性替代关系，双方都希望向外移动自己的反应曲线，以增加自己的产量、降低对方的产量，从而占领更大的市场份额。当跨国公司选择 FDI 时，它可以通过转移价格来操纵其反应曲线。如果转移价格为负，则反应曲线向外移动，跨国公司产量增加；如果转移价格为正，则反应曲线向内移动，跨国公司产量减少。

退回第一阶段，跨国公司选择m以最大化总利润：

$$\max_m \pi_M^F=(1-t_h)mq_1+(1-t_f)(p-m)q_1-\frac{1}{2}m^2-F$$

由一阶最优条件可得均衡时的转移价格为：

$$m^*=\frac{4t_f-3t_h-1}{13-12t_h+8t_f}$$

可见：当本国税率较高，即$t_h>\frac{4t_f-1}{3}$时，$m^*<0$；当本国税率较低，即$t_h<\frac{4t_f-1}{3}$时，$m^*>0$。寡头竞争条件下，除了转移利润，转移价格还起到战略性竞争效应，即跨国公司通过制定较低的转移价格，降低子公司成本，从而使其获得竞争优势，占领更大的市场份额。这体现在，当 $t_h = t_f$，即无利润转移动机时，$m^* = \dfrac{t_f - 1}{13 - 4t_h} < 0$，转移价格低于其边际成本。计算可得此时跨国公司的 FDI 收益为：

$$\Delta\pi = \pi_M^F - \pi_M^e = \frac{(1-t_h)m^*(1-2m^*)}{3} + \frac{(1-t_f)(1-2m^*)^2}{9} - \frac{1}{2}m^{*2} - \frac{(1-t_h)(1-2t)^2}{9}$$

令 $t = 0$，$t_f = 0.3$，以 t_h 为横轴、$\Delta\pi$ 为纵轴进行数值模拟，结果参见图 4.1。我们看到，存在临界值 $\overline{t_h} \approx 0.282\,5$，使跨国公司在 $t_h > \overline{t_h}$ 时选择 FDI，在 $t_h < \overline{t_h}$ 时选择出口。由于转移价格的战略性竞争作用，相对于垄断情况，跨国公司此时选择 FDI 的范围扩大了。这表现在，完全垄断时，跨国公司选择 FDI 的范围是 $t_h > 0.3$，而寡头竞争时 FDI 范围大概为 $t_h > \overline{t_h} \approx 0.282\,5$。由此得到本章第二个命题。

命题 4.2：相比于完全垄断的情况，寡头竞争条件下，由于转移价格的战略性竞争效应，跨国公司选择 FDI 的动机进一步增强。这表现在，当 $t = 0$ 以及 $F = 0$ 时，即使东道国的税率高于母国的税率，跨国公司也有可能进行 FDI。

寡头竞争条件下，转移价格同时起着利润转移与战略性竞争效应。后者促使跨国公司选择较低的转移价格，而前者对转移价格的影响取决于两国税率。当 $t_h > t_f$ 时，利润转移动机促使跨国公司选择较低的转移价格，此时，跨国公司选择 FDI 可以同时实现利润转移与战略性竞争动机，这对应 $t_h > 0.3$ 的情况。而当 $t_h < t_f$ 时，利润转移动机促使跨国公司选择较高的转移价格，此时，转移价格的两个动机相互冲突。因此，当冲突较小，即税率差异较小时，跨国公司选择 FDI，以实现其战略性竞争动机，这对应 $0.28 < t_h < 0.3$ 的情况。当冲突较大，即两国税率差异较大时，跨国公司为了避免这种冲突则选择出口。

4.3 公平交易原则对跨国公司市场进入模式选择的影响

根据前面分析，跨国公司进行海外投资，设立子公司，通过转移定价可以进行利润转移，从而达到跨境避税的目的，这将严重侵蚀东道国的税基。然而现实中，有的情况远比模型中的解释要复杂。

回到前面苹果的例子。当欧盟裁定苹果需向爱尔兰政府补缴税款时，不但苹果对此有异议，爱尔兰政府也不愿接受此裁定。这看起来与一国政府努力保护其税基不受侵蚀的目标是冲突的。为什么呢？接下来的分析将对此给出解释。

考虑一个经典国际市场份额竞争的两国模型，模型中，位于本国的跨国公司决定通过出口或 FDI 的方式进入外国市场。除了成本收益权衡外，税率差异化背景下，跨国公司选择 FDI 还可以获得制定转移价格的机会。通过分析公平交易原则实施前后的跨国公司市场进入模式选择以及社会福利，结论表明：第一，无公平交易原则约束时，即使东道国没有任何优势，跨国公司也可能进行 FDI，以实现其利润转移与战略性竞争动机；第二，不完全竞争条件下，公平交易原则会造成市场扭曲，降低跨国公司进行 FDI 的积极性，并且可能导致税基减小、社会福利降低。

与本部分相关的文献主要分为两类。第一类是关于公平交易原则效应分析的文献。最早，Harris & Sansing（1998）考虑了垄断市场的情况，他们指出，由于双重边际成本，公平交易原则会使跨国公司在外包与一体化组织形式之间更倾向于选择前者。此后，Bauer & Langenmayr（2013）认为，由于外部市场交易价格对产品边际成本的偏离，跨国公司即使遵守公平交易原则，也有机会进行利润转移。Behrens et al.（2014）则利用垄断竞争模型，发现无效率的公平交易价格会降低跨国公司进行对外投资的积极性。[①]除了利润转移作用，Devereus & Keuschnigg（2013）认为公平交易原则还限制了跨国公司通过转移价格影响关联企业借贷能力及投资活动的经营性目的，因此，会带来市场扭曲。这类文献的共同点是，他们认为公平交易原则是无效率的，即外部市场交易价格会偏离产品的边际成本，因此，会对跨国公司的组织形式选择造成扭曲，进而影响社会福利。

第二类是关于跨国公司市场进入模式选择的文献，相关研究已经比较成熟。一般认为，就近－集中权衡原则（Proximity-concentration tradeoff）是市场进入模式选择的基本准则（Horstmann & Markusen，1992；Brainard，1993）。相对于出口，一方面跨国公司选择 FDI 会获得就近收益，即位于市场内部从而节省运输等贸易成本；另一方面，FDI 也会产生一次性投资固定成本。如何选择，取决于跨国公司在成本与收益之间的权衡。另外，Helpman et al.（2004）从企

---

① 根据 Behrens et al.（2014），对应的有效率的公平交易原则意味着，公平交易价格等于产品真实的边际成本。

业异质性角度分析认为，生产效率较高的企业选择 FDI，生产效率较低的企业选择出口。①

据我们所知，将跨国公司转移定价与市场进入模式选择相结合的文献，目前只有 Amerighi & Peralta（2010）。该文利用两国模型，假设跨国公司可选择在一个国家进行 FDI，然后通过出口供应另一个市场，此时，全部利润将按子公司所在国税率被征税；或者在两个国家进行 FDI 来供应当地市场，此时，虽然增加了 FDI 投资成本，但可获得利润转移的机会。由于该文利用的是垄断模型，他并没有考虑转移价格的战略性竞争效应，也没有分析公平交易原则的影响。

本部分的贡献在于：第一，分析了公平交易原则对跨国公司市场进入模式选择及社会福利的影响，与以往文献认为由于公平交易价格偏离产品的边际成本从而导致市场扭曲不同，本文发现，即使公平交易原则的约束价格等于边际成本，也可能造成市场扭曲；第二，利用寡头竞争模型，也考虑了转移价格的战略性竞争效应，发现了公平交易原则会带来市场扭曲的另一个原因。

目前，国内关于跨国公司利润转移与公平交易原则的文献还很匮乏，现有文献多是对利润转移及相关政策规则的解析（曲晓辉和杨金忠，1999）（杨斌，2003）（姚蕾蕾，2003），或转移定价规则的国际比较（杨斌，2001a，2001b）。同样考虑了转移价格战略性作用的鄂立彬（2013），利用寡头竞争模型分析认为，无论我国企业是否具有成本优势，都应该进行对外投资，以获取战略性转移定价的机会，但该文并没有涉及公平交易原则。

4.3.1 模型分析

4.3.1.1 垄断模型

同上部分一样，我们首先完成垄断模型的分析。在公平交易原则约束下，由于转移价格规定 $m=0$，因此，可直接得到此时的市场产量及 FDI 收益分别为 $q^{AL}=\dfrac{1}{2}$ 以及 $\Delta\pi^{AL}=\dfrac{t_h-t_f}{4}$。

现在，我们分析公平交易原则对跨国公司市场进入模式选择的影响。我们知道，FDI 收益，即 $\Delta\pi$ 越高，代表跨国公司可承受的 FDI 成本越高，从而越倾

① 相关的文献综述请参见 Neary（2009）。

向于选择 FDI。因此，我们通过比较$\Delta\pi$与$\Delta\pi^{AL}$，来判断跨国公司市场进入模式选择的变化。

由于$\Delta\pi=\pi_M^F-\pi_M^e$，而最优转移价格$m^*=\max\limits_m \pi_M^F(m)$，并且出口利润$\pi_M^e$不受公平交易原则的影响，因此，$\Delta\pi(m^*)\geqslant\Delta\pi^{AL}(m=0)$恒成立，即公平交易原则使 FDI 收益降低，从而跨国公司选择 FDI 的积极性也降低。这是因为，无公平交易原则约束时，跨国公司选择 FDI，可以通过转移价格进行利润转移以实现避税目的。然而，公平交易原则限制了转移价格的利润转移作用。换句话说，这相当于在跨国公司最优化目标中增加了一个条件约束，因此，FDI 利润必然减少；而π_M^e保持不变，因此，FDI 收益下降。由此得到本章第三个命题。

命题 4.3: 垄断市场中，公平交易原则由于限制了转移价格的利润转移作用，使跨国公司进行 FDI 的积极性降低。

接下来，我们分析公平交易原则对社会福利的影响。

定义 4.1： 社会福利包括消费者剩余、企业利润以及政府税收，即$W=CS+\pi+R$。

首先，我们分析公平交易原则不会改变跨国公司市场进入模式选择的情况。当跨国公司选择出口时，公平交易原则不会产生影响，此时的社会福利保持不变。当跨国公司选择 FDI 时，由于两市场是分割的，本国消费者剩余可以看作一个常数，从而本国社会福利为$W_d=\overline{CS}+(1-t_h)m^*q+t_hm^*q$。无约束时，转移价格$m^*<0$，企业账面为亏损状态，政府税收为 0；现公平交易原则规定$m=0$，企业利润以及政府税收都为 0。因此，公平交易原则约束下，本国税基不变，社会福利提高。

对于外国，垄断市场条件下，社会福利只包括消费者剩余与政府税收：

$$W_f=CS+t_f\pi_1$$

其中，消费者剩余$CS=\frac{1}{2}(1-p)q=\frac{1}{2}q^2$。FDI 情况下，当公平交易原则使转移价格由负值上升到零值时，产量降低，从而消费者福利降低。①又由于外国政府的税基来自跨国公司的子公司利润，因此，随着子公司产量的降低，其利润也会降低，从而税基减小。进一步的，对外国社会福利在$m=0$处求导，得到：

① 直接对比公平交易原则前后的市场产量，$q=\frac{1-m^*}{2}>q^{AL}=\frac{1}{2}$，其中，$m^*<0$，也可以印证该结论。

$$\left.\frac{\mathrm{d}W_f}{\mathrm{d}m}\right|_{m=0} = -\frac{t_f}{2} - \frac{1}{4} < 0$$

可见，转移价格对外国社会福利的影响是反方向的。在公平交易原则约束下，随着转移价格的提高，消费者剩余与子公司利润降低，外国社会福利也降低。

其次，我们分析公平交易原则改变了跨国公司市场进入模式，即无约束时跨国公司选择 FDI，而有约束时选择出口的情况。对于本国，出口情况下，政府税收来自跨国公司的利润，即 $R_d^e = \frac{t_f(1-t)^2}{4}$，从而社会福利为 $W_d^e = \overline{CS} + \frac{(1-t)^2}{4}$。FDI 情况下，政府税收与社会福利则分别为 $R_d^F = \frac{t_f m^*(1-m^*)}{2}$ 与 $W_d^F = \overline{CS} + \frac{m^*(1-m^*)}{2}$。又由于 FDI 情况下，$m^* < 0$，因此，$R_d^F < R_d^e$，$W_d^F < W_d^e$ 成立，公平交易原则使本国税基增大、社会福利提高。

对于外国，出口情况下，其政府税收为零，社会福利即消费者剩余 $W_f^e = \frac{(1-t)^2}{8}$；而 FDI 情况下，其社会福利包括消费者剩余与来自跨国公司的子公司税收，即 $W_f^F = \frac{(1-m^*)^2}{8} + t_f\frac{(1-m^*)^2}{4}$，其中，$m^* < 0$。显然，$W_f^F > W_f^e$ 成立，公平交易原则使外国税基减小、社会福利降低。我们将以上结果总结在本章第四个命题里。

命题 4.4:

（1）当公平交易原则不会改变跨国公司的市场进入模式时：出口情况下，两国社会福利不变；FDI 情况下，本国税基不变、社会福利提高，外国税基减小、社会福利降低。

（2）当公平交易原则使跨国公司从 FDI 改变为出口时：本国税基增大、社会福利提高；外国税基减小、社会福利降低。

4.3.1.2 寡头竞争模型

在公平交易原则约束下，由于规定 $m=0$，可直接得到市场产量为 $q^{AL} = \frac{2}{3}$，以及 FDI 收益为 $\Delta\pi^{AL} = \pi_M^F - \pi_M^e = \frac{1-t_f}{9} - \frac{(1-t_h)(1-2t)^2}{9}$。再次的，由于 $\Delta\pi = \pi_M^F - \pi_M^e$，并且 $m^* = \max\limits_m \pi_M^F(m)$，因此，$\Delta\pi(m^*) \geqslant \Delta\pi^{AL}(m=0)$ 恒成立。

正如图 4.1 所示，公平交易原则由于限制了转移价格的利润转移及战略性竞争作用，使 FDI 收益下降，从而跨国公司更倾向于选择出口。由此得到本章第五个命题。

命题 4.5：寡头竞争条件下，公平交易原则由于限制了转移价格的利润转移与战略性竞争作用，使跨国公司进行 FDI 的积极性降低。

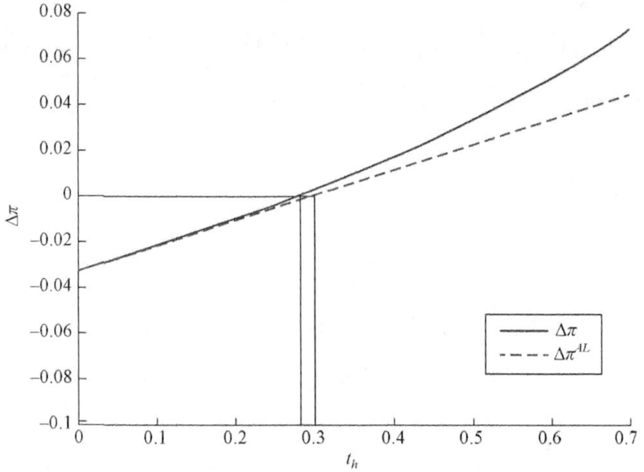

图 4.1　寡头竞争下，公平交易原则使企业更容易选择出口

接下来，我们分析公平交易原则对社会福利的影响。首先，考虑公平交易原则不会改变跨国公司市场进入模式的情况。当跨国公司选择 FDI 时，与垄断情况同样的道理，公平交易原则使本国社会福利提高、税收保持不变。对于外国，其社会福利为：

$$W_f = CS + (1 - t_f)\pi_2 + t_f(\pi_1 + \pi_2)$$

其中，消费者剩余 $CS = \frac{1}{2}(1-p)q = \frac{1}{2}q^2$ 。FDI 情况下，公平交易原则使转移价格由低于边际成本的负值上升到零值，子公司产量及利润降低，外国企业产量及利润提高。又由于转移价格对子公司的直接影响大于对外国企业的间接影响，因此，前者的降低量大于后者的提高量，市场总产量与两企业总利润下降，从而消费者剩余降低、税基减小。再次对社会福利在 $m = 0$ 处求导，得到：

$$\left.\frac{\mathrm{d}W_f}{\mathrm{d}m}\right|_{m=0} = \frac{-4t_f}{9} < 0$$

可见，转移价格对社会福利的影响是反方向的，这与垄断情况的结论一致。因此，在公平交易原则约束下，随着转移价格的提高，外国社会福利降低。另外，由于跨国公司的战略性竞争动机会进一步降低转移价格，因此，相比于完全垄断的情况，当公平交易原则使转移价格由更低的负值上升到 0 时，税基减小与社会福利降低的幅度会进一步扩大。

分析公平交易原则改变了跨国公司市场进入模式，即无约束时跨国公司选择 FDI，而有约束时选择出口的情况。与垄断模型同样的道理，当跨国公司选择出口时，本国社会福利为 $W_d^e = \overline{CS} + \frac{(1-2t)^2}{9}$，外国社会福利为 $W_f^e = \frac{(2-t)^2}{18} + \frac{(1+t)^2}{9}$；FDI 情况下，两国社会福利则分别为 $W_d^F = \overline{CS} + \frac{m^*(1-2m^*)}{3}$，$W_f^F = \frac{(2-m^*)^2}{18} + \frac{(1+m^*)^2}{9} + \frac{t_f(1-2m^*)^2}{9}$。由于 FDI 情况下，$m^* < 0$，因此，公平交易原则使本国税基增大、社会福利提高；由于外国企业利润随着出口成本的提高而提高，因此，外国税基与社会福利有可能降低也有可能提高。由此得到本章第六个命题。

命题 4.6：

（1）当公平交易原则不会改变跨国公司的市场进入模式时：出口情况下，两国社会福利不变；FDI 情况下，本国社会福利提高，外国社会福利降低；并且，由于转移价格的战略性竞争效应，相比于垄断竞争的情况，此时，外国社会福利降低的幅度将会扩大。

（2）当公平交易原则使跨国公司从 FDI 改变为出口时，本国社会福利增加，外国社会福利有可能降低也有可能提高。

4.3.2 结果与讨论

本文分析了不完全竞争市场中，公平交易原则对跨国公司市场进入模式选择及社会福利的影响。结论表明，基于完全竞争假设的公平交易原则在不完全竞争市场中实施，会造成市场扭曲，降低跨国公司进行 FDI 的积极性，并且可能导致社会福利降低。该结论背后的原因是，一方面公平交易原则限制了转移价格的利润转移及战略性竞争作用；另一方面，跨国公司拥有一定的市场势力，其生产是有弹性的。

4.3.2.1　多寡头模型

当考虑市场存在多个企业的多寡头模型时，由于随着企业数目的增多，转移价格的战略性竞争效应下降，因此，该市场扭曲的程度也将减小。

考虑外国市场存在 n 个寡头厂商时，外国市场总产量 $Q=\sum_{i=1}^{n}q_i$，价格为 $p(Q)$，跨国公司子公司产量为 q_1，外国本地企业产量为 $q_2,\cdots,q_n$，因此，跨国公司子公司最大化目标为：

$$\max_{q_1}(1-t_f)[p(Q)-m]q_1$$

由一阶条件得：

$$p(Q)-m+\frac{\mathrm{d}p}{\mathrm{d}Q}q_1=0$$

经过整理，可得：

$$p(Q)\left[1-\frac{1}{|\varepsilon|/s}\right]=m$$

其中，$s=\frac{q_1}{Q}$ 表示子公司在外国市场中所占份额，$\varepsilon=\frac{\mathrm{d}Q}{\mathrm{d}p}\frac{p}{Q}$ 表示需求价格弹性。随着市场上厂商数量的增加，子公司所占份额下降，其面临的需求弹性变大。当 $n\to+\infty$ 时，接近完全竞争市场情形，转移定价的战略性竞争作用逐渐减弱直至消失。

同理，当我们放松假定，考虑 $t>0$ 的一般情况时，由于运输成本的出现不会影响结论背后的作用机制，因此，公平交易原则使跨国公司进行 FDI 积极性降低的结论依然成立。并且，随着出口成本的提高，FDI 的吸引力将提高，从而公平交易原则扭曲跨国公司市场进入模式决策的范围也会扩大。换句话说，贸易自由化会降低公平交易原则对市场带来的扭曲。

4.3.2.2　价格竞争

另外，相对于数量竞争，当企业进行价格竞争时，公平交易原则使市场产生扭曲的幅度将会缩小。这是因为，价格竞争情况下，两企业价格之间是战略性互补关系，这种战略性考虑会促使跨国公司选择较高的转移价格。因此，当公平交易原则使转移价格由较高的负值上升到零值时，外国社会福利降低的幅度将会缩小。

跨国公司与外国企业生产差别可替代产品，跨国公司面临的需求函数为 $q_1 = 1 - p_1 + \gamma p_2$，外国企业面临的需求函数为 $q_2 = 1 - p_2 + \gamma p_1$，$0 < \gamma < 1$。

首先看无公平交易原则的情况。如果跨国公司选择出口，跨国公司与外国企业的目标分别为：

$$\max_{p_1} \pi_M = (1-t_h)(p_1 - t)(1 - p_1 + \gamma p_2)$$

$$\max_{p_2} \pi_2 = (1-t_f) p_2 (1 - p_2 + \gamma p_1)$$

根据一阶条件得到两企业的反应曲线为：

$$p_1 = \frac{1 + t + \gamma p_2}{2} \quad p_2 = \frac{1 + \gamma p_1}{2}$$

可以看到，价格竞争下，两企业价格是战略性互补关系，双方都希望向外移动自己的反应曲线，从而提高对方价格以增加己方利润。计算得到均衡状态下市场均衡产量与跨国公司利润分别为：

$$q = \frac{2(2+\gamma) + (\gamma^2 + \gamma - 2)t}{4 - \gamma^2}$$

$$\pi_M^e = (1-t_h) q_1^2$$

其中，$q_1 = \dfrac{2 + \gamma + (\gamma^2 - 2)t}{4 - \gamma^2}$。

如果跨国公司选择 FDI，在第二阶段，子公司在给定 m 条件下，选择 p_1 以最大化利润：

$$\max_{p_1} (1-t_f)\pi_1 = (1-t_f)(p_1 - m)(1 - p_1 + \gamma p_2)$$

外国企业目标不变，可以得到第二阶段竞争的均衡产量为：

$$q = \frac{2(2+\gamma) + (\gamma^2 + \gamma - 2)m}{4 - \gamma^2}$$

退回第一阶段，跨国公司选择 m 以最大化 π_M：

$$\max_{m} \pi_M = (1-t_h) m q_1 + (1-t_f)(p_1 - m) q_1 - \frac{1}{2} m^2 - F$$

根据一阶条件，得到转移价格为：

$$m^* = \frac{(2+\gamma)[(1-t_h)(4-\gamma^2) + 2(1-t_f)(\gamma^2 - 2)]}{(4-\gamma^2)^2 u + 2(2-\gamma^2)[(1-t_h)(4-\gamma^2) + (1-t_f)(\gamma^2 - 2)]}$$

如果 $t_h = t_f = 0$，$m^* = \dfrac{(2+\gamma)\gamma^2}{(4-\gamma^2)^2 u + 4(2-\gamma^2)} > 0$，此时，跨国公司选择 FDI

相对于出口的收益 $\Delta\pi = \pi_M^F - \pi_M^e$。

在公平交易原则约束下，由于 $m=0$，因此，可以直接得到跨国公司选择 FDI 时的利润为 $\pi_M^F = (1-t_f)q_1^2 - F$，其中，$q_1 = \dfrac{2+\gamma}{4-\gamma^2}$。跨国公司出口利润不变，此时，跨国公司选择 FDI 相对于出口的收益 $\Delta\pi^{AL} = \pi_M^F - \pi_M^e$。与数量竞争同理，$\Delta\pi^{AL} < \Delta\pi$ 成立。

我们知道，跨国公司在东道国进行投资，不仅可以拉动当地经济发展、促进就业，还有机会带来新的生产、管理等技术。虽然公平交易原则控制了跨国公司的利润转移行为，但由于降低了跨国公司投资的积极性，也可能带来一些负面效应。回到前面苹果的案例，当欧盟裁定苹果需向爱尔兰政府补缴税款时，结合本文的结论，就不难理解为什么不但苹果对此有异议，爱尔兰政府也不愿接受此裁定的行为了。

4.4 结　论

本章分析了跨国公司进行海外投资时的利润转移动机，即跨国公司有时候会选择 FDI 而不是出口，即使东道国没有任何优势。在此基础上，我们引入公平交易原则，分析其对跨国公司市场进入模式选择的影响及其福利效应。运用国际市场份额竞争的两国模型，结论表明：第一，税率差异化背景下，即使东道国没有任何优势，跨国公司也有可能进行 FDI 以实现其战略性动机；第二，公平交易原则由于限制了转移价格的利润转移及战略性竞争效应，会造成市场扭曲，降低跨国公司进行 FDI 的积极性，并且可能导致税基减小、社会福利降低。

4.5 本章小结

跨国公司进行海外投资，在东道国设立子公司，不仅可以节省运输成本等贸易成本，还可以获得进行利润转移从而跨境避税的机会。因此，除了以往文献关注的跨国公司海外投资动机外，利润转移也是跨国公司进海外投资的重要动机之一。

转移定价是跨国公司进行利润转移的主要方式之一。跨国公司通过操纵集团内部转移价格，将利润从高税率国家转移至低税率国家，从而最小化全球税负。为控制跨国公司利润转移及税基侵蚀，政府采用公平交易原则约束跨国公司内部转移价格。然而通过分析，我们发现不完全竞争市场中，公平交易原则虽然约束了转移价格，同时会带来一些其他效应，包括降低跨国公司进行海外投资的积极性、降低社会福利的可能性等。

第 5 章 跨国公司转移定价与公平交易原则分析

5.1 引　　言

正如第 4 章引言中所表明的，跨国公司利润转移以及跨境避税问题引起了广泛关注，并且我国作为世界重要的经济体之一，也面临严重的跨国公司利润转移与税基侵蚀等问题。

跨国公司进行跨境避税的一个重要手段是通过转移定价进行利润转移。除了利润转移，在不完全竞争背景下，转移价格还起到战略性作用（Schjelderup & Sorgard，1997）。正如产业组织理论中，所有权与经营权分离企业的战略性代理有利于竞争一样，跨国公司选择分权化，把产量（价格）决策权代理给子公司，也会得到战略性优势。[1]Schjelderup & Sorgard（1997）分析了跨国公司与东道国本土企业在东道国市场上进行双寡头古诺竞争时的转移定价博弈。跨国公司通过制定较低的转移价格来增加其子公司的竞争优势，从而抢占更多的市场份额。由于两企业产量之间是战略性替代关系，且东道国企业没有选择转移价格的机会，因此，只能被迫压低产量，从而导致市场份额降低。

我们已经知道，公平交易原则基于完全竞争市场假设之上（Eden，1998），然而现实世界中，绝大多数市场都是不完全竞争市场。在这种背景下，旨在保护税基的公平交易原则会有何效应呢？这正是本章所分析的问题。

具体来说，本文分析了不完全竞争市场中，公平交易原则对一国税基及其社会福利的影响。沿用经典国际市场份额竞争的两国寡头模型，我们假设本国与外国各有一家企业，跨国公司总部位于本国，子公司位于外国且与外国企业

① Vickers（1985）、Sklivas（1987）、Fershtman & Judd（1987）等文献研究了战略性经营者激励在市场竞争中的作用。

在外国市场进行竞争。跨国公司总部以固定边际成本进行生产，然后以内部转移价格转让给子公司，子公司作为分销商供应外国市场。鉴于国际税率的差异化，该转移价格可能偏离其边际成本，以实现其利润转移与战略性动机。我们分别考虑了跨国公司为集权与分权形式时，有无公平交易原则前后的税基及社会福利的变化。其中，集权形式意味着，跨国公司总部同时决定产量（价格）与转移价格，子公司只起一个分销产品的作用。分权形式意味着，跨国公司把产量决策权代理给子公司，只决定转移价格。

结论表明，第一，基于完全竞争假设、旨在保护税基的公平交易原则在不完全竞争市场中实施，反而可能导致税基减小、社会福利降低。具体来说，公平交易原则会降低低税率国家的税基及社会福利，提高高税率国家的税基及社会福利，而后者的提高是以前者的降低为代价的。第二，相比于集权形式，分权形式下，由于转移价格的战略性效应，公平交易原则使税基减小及社会福利降低的幅度会进一步扩大。可以看到，无论跨国公司是何种组织形式，公平交易原则都可能带来一些负面影响。换句话说，公平交易原则并不必然能够保护一国税基并增进其社会福利。

从根本上讲，公平交易原则可能带来负面效应的原因是，不完全竞争市场中，一方面公平交易原则限制了转移价格的利润转移与战略性效应双重作用；另一方面，企业拥有一定的市场势力，其生产是有弹性的，而这在完全竞争市场并不存在，所以，政府的干预必然带来一定的扭曲。正如文章在讨论多寡头竞争模型时所分析的，假如市场中的企业数目增加到一定程度，即趋于完全竞争市场时，这种负面效应将会消失。

与本文相关的文献主要分为两支。第一支是关于公平交易原则效应分析的文献。最早的 Harris & Sansing（1998）考虑了垄断市场的情况，他们的结论表明，公平交易原则会对跨国公司在一体化或外包之间的组织形式选择及其生产效率造成扭曲，这种扭曲的来源是垄断厂商的双重边际成本（Double Marginalization Cost）。Bauer & Langenmayr（2013）从企业异质性角度进行分析，认为由于选择一体化形式的跨国公司生产效率比较高，并且其在与自己的子公司进行议价（Bargaining）时，拥有比外部企业更大的议价权，因此，跨国公司内部购买中间产品的价格会远低于外部市场交易价格。当公平交易原则规定转移价格必须等于外部市场交易价格时，这相当于将跨国公司的利润从母公司转移到生产中间产品的子公司。而现实世界中，跨国公司一般选择在税率较低的国家生产中间产品，因此，这也解释了为什么跨国公司即使遵守公平交易原则，其税负依然低于当地企业的现象。Behrens et al.（2014）利用垄断竞争模型，同样发现外部市场交易价格会偏离其边际成本，并且这种无效率的公平交易原则会降低跨国公司进行对外投资的积极性。[①]可以发现，这些文献的共同点是认为公平交易原则是无效率的，即非关联企业的外部市场交易价格会偏离产品的真实边际成本，而这会对跨国公司的组织形式选择造成扭曲，进而影响社会福利。

另外，Devereus & Keuschnigg（2013）认为公平交易原则会带来市场扭曲的原因是，除了利润转移，公平交易原则还限制了跨国公司通过转移价格影响关联企业借贷能力及投资活动的经营性目的。以及 Choe & Matsushima（2013）利用动态竞争模型，认为公平交易原则强制跨国公司内部转移价格等于外部市场交易价格的行为，实际上起到一个反竞争（Anti-comeptitive）的效应，使跨国公司与外部企业获得共谋的机会，从而导致社会福利降低。

与以往文献不同的是，本文发现不完全竞争市场中，公平交易原则并不必然能够保护税基并增进社会福利。尤其是，我们把转移价格的战略性效应考虑在内，发现公平交易原则可能带来市场扭曲的另一个来源。

第二支是关于跨国公司组织形式，即集权或分权的文献。Nielson et al.（2008）分析了税率差异对跨国公司组织形式选择的影响。该文认为分权形式下，转移价格的战略性效应与利润转移效应可能发生冲突，如当本国税率低于外国税率时，利润转移效应促使跨国公司选择较高的转移价格，而战略性效应促使跨国公司选择较低的转移价格。因此，当两国税率差异比较小时，跨国公司更倾向于选择分权化；而两国税率差异较大时，跨国公司更倾向于选择集权化。Komoriya et al.（2015）在考虑转移定价与利润转移背景下，分析了跨国公司对市场进入模式与组织形式的选择。文中，跨国公司有三种进入外国市场的方式，即出口、集权形式的 FDI 以及分权形式的 FDI。然而，这些文献并没有考虑公平交易原则。[②]本文中，由于侧重点在于公平交易原则的经济效应分析，因此，模型假设跨国公司的组织形式外生给定。[③]

---

① 根据 Behrens et al.（2014），对应的有效率的公平交易原则，即公平交易价格等于产品真实的边际成本。

② 此外，还有大量关于转移定价但不涉及公平交易原则的文献，请参见 Devereus & Keuschnigg（2013）与 Choe & Matsushima（2013）的文献综述部分。

③ 现实中，如苹果手机，其在世界各市场的价格由苹果公司总部统一制定。在此意义上，苹果公司更像集权模式。而可口可乐的价格由当地分公司自主制定。在此意义上，其更像分权模式。

目前，国内关于转移定价与公平交易原则的文献，无论从经验还是理论角度分析，都很匮乏。现有文献多是对利润转移及其相关政策规则的解析（曲晓辉和杨金忠，1999）（杨斌，2003）（姚蕾蕾，2003），或国际转移定价规则的对比（杨斌，2001a，2001b）。如杨斌（2003）分析了跨国公司如何通过转移定价达到避税目的以及政府应如何应对。杨斌（2001a，2001b）对比分析了美国与 OECD 的转移定价规则。另外，李传志和叶民强（2008）则分析了在公平交易原则约束下，跨国公司与税务部门之间的博弈问题，认为税务调查成本越高，企业避税概率越大，因此，税务部门应该建立反避税信息资料库以起威慑作用。同样考虑了转移价格战略性作用的鄂立彬（2013）则认为，无论我国企业是否具有成本优势，都应该进行对外投资，以获取战略性转移定价的机会。

本章后续安排如下：第二部分，针对外生化公平交易价格的模型进行分析；第三部分，针对内生化公平交易价格的模型进行分析；第四、第五部分，共谋效应和本章小结。

5.2 外生化公平交易价格

5.2.1 模型建立

考虑两个国家——本国与外国，其所得税率分别记为 t_h 与 t_f 且都只有一家企业从事生产。一家跨国公司，其总部（M）位于本国，子公司（企业 1）位于外国。子公司作为经销商，按转移价格 m 从总部购买产品以供应外国市场。一家外国企业（企业 2），与本国企业在外国市场进行双寡头古诺竞争。[①]假设两企业生产无差别产品，外国市场的反需求函数为 $P = P(Q)$，其中，$Q = q_1 + q_2$，q_1 与 q_2 分别代表跨国公司与外国企业的产量。

$P(Q)$ 具有以下性质：

（1）对于 $Q \geqslant 0$，$P'(Q) < 0$，且 $P(Q)$ 二次可微。

（2）$P(Q)$ 具有凹性质（Concave），即 $P''(Q) > 0$，$P'(Q) + QP''(Q) \leqslant 0$。

① 文章讨论部分分析了多寡头竞争模型以及价格竞争时的情况。

为简化分析，在不影响结论的前提下，标准化两企业边际成本 $MC=0$。[①]因此，如果 $m>0$，则代表跨国公司有积极性高估成本；如果 $m<0$，则代表跨国公司有积极性低估成本。另外，由于转移价格 m 对子公司产生的直接效应大于对外国企业产生的间接效应，因此，$\left|\frac{\mathrm{d}q_1}{\mathrm{d}m}\right|>\left|\frac{\mathrm{d}q_2}{\mathrm{d}m}\right|$。

模型分别考虑了当跨国公司为集权与分权形式时的情况。集权形式代表跨国公司总部同时有产量与转移价格决策权，子公司只起产品分销的作用。这种情况下，由于转移价格的制定与市场竞争同时发生，因此，模型只进展一个阶段，即跨国公司总部选择产量与转移价格，同时与外国企业在外国市场进行竞争。分权形式意味着，跨国公司把产量决策权代理给子公司，只决定转移价格，从而模型进展分为两个阶段：第一阶段，跨国公司总部选择最优的转移价格，最大化公司总利润；第二阶段，子公司在给定转移价格的情况下，选择产量与外国企业进行数量竞争。模型分析部分，我们首先考虑跨国公司为集权形式的情况，由于此时转移价格没有战略性效应，只有利润转移效应，这样可以更清楚地理解模型的作用机制。然后，进一步分析分权形式的情况。[②]

由于我们考虑有效率的公平交易原则，故假定在公平交易原则约束下，转移价格等于其真实边际成本。实际上，以往文献，如 Itagaki（1979）、Halperin & Srinidhi（1987）、Elitzur & Mintz（1996）都将转移价格假定为外生给定，以及 Raimondos & Scharf（2002）、Amerighi（2006）、Peralya et al.（2006）同样把公平交易原则约束下的转移价格设定为边际成本。[③]这种理解可以从某种程度上解释公平交易原则中的两种转移价格计算方法，即以往文献着重分析可比非受控法（Comparable Uncontrolled Price，CUP）及成本加成法（Cost－Plus，CP），这也是 OECD 最常用的两种公平交易价格计算方法（Ernst & Young，2002）。

① 为了尽可能清楚地解释文章的观点，我们采取了最简化的模型。当然，本文的结论并不依赖于这些假定。

② 还存在一种情况，即跨国公司母公司决定产量，而子公司决定价格。在这种情形下，由于不存在转移价格的问题，因此本文分析中不予具体分析。

③ 采用该假设的另一个原因是，实际中，由于跨国公司进行转移的很多资源（产品），比如某种独一无二的中间产品，只在集团内部转移，并不会在市场上进行交易，因此，像以往文献中通过可比交易，内生化非关联外部交易价格来确定公平交易价格有时候并不容易，甚至是不可能。当然，实际中边际成本也是不可观测的，但在不考虑规模经济的情况下，企业的平均成本可以视作其边际成本进行计算。

跨国公司制定的转移价格，如果偏离其边际成本，会产生成本$\frac{\gamma}{2}m^2$，[①]如聘请律师、会计以应对税务部门的审查等费用（Amareghi，2006；Nielsen，Raimondos & Schjelderup，2008；Komoriya，Nielsen & Raimondos，2015）。偏离边际成本越多，成本越高。这里的γ可以理解为一国对转移价格管制的严格程度。γ越大，代表管制越严格。为突出重点，以下计算里，我们假设$\gamma=1$。

5.2.2 模型分析

5.2.2.1 当跨国公司为集权形式

首先，分析市场均衡。集权形式下，跨国公司同时选择m与q_1，以最大化总利润：

$$\max_{m,\,q_1} \pi_M = (1-t_h)mq_1 + (1-t_f)[P(Q)-m]q_1 - \frac{1}{2}m^2$$

跨国公司利润包括三部分：第一项代表跨国公司为子公司提供产品得到的利润，按本国税率t_h承担税负；第二项代表子公司在外国市场得到的利润，按外国税率t_f承担税负；第三项代表转移价格偏离边际成本所带来的成本。由一阶最优条件得到：

$$\frac{\partial \pi_M}{\partial m} = q_1(t_f - t_h) - m = 0 \tag{5.1}$$

$$\frac{\partial \pi_M}{\partial q_1} = (1-t_h)m + (1-t_f)[P'(Q)q_1 + P(Q) - m] = 0 \tag{5.2}$$

由式（5.1）可知，第一，如果$t_f > t_h$，那么$m^C > 0$，跨国公司选择高于边际成本的转移价格，将企业利润从高税率的外国转移到低税率的本国，并且$\frac{\mathrm{d}q_1}{\mathrm{d}m} > 0$；如果$t_f < t_h$，那么$m^C < 0$，跨国公司选择低于边际成本的转移价格，将企业利润从高税率的本国转移到低税率的外国，并且$\frac{\mathrm{d}q_1}{\mathrm{d}m} < 0$；当$t_f = t_h$，即无利润转移动机时，则$m^C = 0$，转移价格等于其边际成本。第二，跨国公司产量与两国税率直接相关。这是因为，集权形式下，由于产量决策是由处在本国的跨国公司总部决定的，而市场在税率不同的外国，因此，其作决策时必然把

① 为了保证最优转移价格具有内点解，因此采取二次函数的形式（Kant，1988，Haufler & Schjelderup，2000）。

税率差异考虑在内。选择最优的转移价格，也就同时选择了最优的产量。

在同一阶段，外国企业选择 q_2 最大化利润：

$$\max_{q_2} \pi_2 = (1-t_f)P(Q)q_2$$

一阶条件为：

$$P'(Q)q_2 + P(Q) = 0 \tag{5.3}$$

计算可得，两企业产量分别为：

$$q_1^C = \frac{(1-t_f)P(Q)}{-(1-t_f)P'(Q)-(t_f-t_h)^2} \quad q_2^C = \frac{P(Q)}{-P'(Q)}$$

可以发现，$q_1^C > q_2^C$ 恒成立。这是因为，跨国公司有两个工具用来实现其目标，即转移价格与产量，而外国企业只有产量一个工具。因此，均衡时，跨国公司产量必然高于外国企业产量。

接下来，对公平交易原则效应进行分析。

首先，我们分析两国税基有何变化，这也是公平交易原则实施的初衷。本国税基为跨国公司向其子公司出售产品得到的利润，税收为 $R_d = t_h m^C q_1$。根据上部分分析，当 $t_h < t_f$ 时，公平交易原则使转移价格由正值降低到零值，因此，本国税基降低；当 $t_h > t_f$ 时，公平交易原则使转移价格由负值提高到零值，本国税基提高。①

在继续分析之前，先将式（5.2）与式（5.3）对 m 求导，得到：

$$(1-t_h)+(1-t_f)\left[P''(Q)q_1\frac{\mathrm{d}Q}{\mathrm{d}m}+P'(Q)\frac{\mathrm{d}q_1}{\mathrm{d}m}+P'(Q)\frac{\mathrm{d}Q}{\mathrm{d}m}-1\right]=0 \tag{5.4}$$

$$P''(Q)q_2\frac{\mathrm{d}Q}{\mathrm{d}m}+P'(Q)\frac{\mathrm{d}q_2}{\mathrm{d}m}+P'(Q)\frac{\mathrm{d}Q}{\mathrm{d}m}=0 \tag{5.5}$$

对于外国，其税基来自两部分，即跨国公司子公司与外国企业的利润：

$$\pi_1 + \pi_2 = [P(Q)-m^C]q_1 + P(Q)q_2$$

对外国税基在 $m^C = 0$，即 $t_f = t_h$ 处求导，得到：

$$\left.\frac{\partial(\pi_1+\pi_2)}{\partial m}\right|_{m^C=0} = [P'(Q)Q+P(Q)]\frac{\mathrm{d}Q}{\mathrm{d}m} - q_1$$

根据式（5.1），以及式（5.1）$*(1-t_f)+$式（5.4），得到：

---

① 对于该结论，可以这样理解：我们只模型化了跨国公司的部分业务，且该业务与公司其他业务无交互影响。跨国公司从其他业务得到的利润很高（即模型化的业务只是企业总业务的一个微小部分），可以记为一个正常数，从而跨国公司利润为正。转移价格为负代表企业从模型化的业务中得到的利润下降，因此，我们得到以上结论。

$$[P''(Q)Q+3P'(Q)]\frac{\mathrm{d}Q}{\mathrm{d}m}=0$$

又 $P''(Q)Q+3P'(Q)<0$，故 $\left.\frac{\mathrm{d}Q}{\mathrm{d}m}\right|_{t_h=t_f}=0$，从而：

$$\left.\frac{\partial(\pi_1+\pi_2)}{\partial m}\right|_{m^C=0}=-q_1<0$$

这意味着，如果 $t_h>t_f$，无约束时的转移价格为负 $m^C<0$，现公平交易原则使转移价格由负值上升到零值，总利润随着转移价格的上升而减少，从而税基减小；如果 $t_h<t_f$，无约束时转移价格为正 $m^C>0$，现公平交易原则使转移价格由正值下降到零值，总利润随着转移价格的下降而增加，从而税基增加。因此，我们得到本章第一个命题。

命题 5.1：如果跨国公司为集权形式，当 $t_h<t_f$ 时，公平交易原则使转移价格降低，从而本国税基减小、外国税基增大；当 $t_h>t_f$ 时，公平交易原则使转移价格提高，从而本国税基增大、外国税基减小。

要理解命题 5.1 背后的直觉，我们先分析两企业产量的变化。跨国公司产量是由跨国公司总部与转移价格在同一阶段决定的。公平交易原则的出现，相当于在跨国公司最优化问题中增加了一个条件约束，因此，其产量必然降低。又由于数量竞争条件下，两企业产量之间是战略性替代关系，因此，随着跨国公司产量的降低，外国企业产量提高，利润也随之提高。

对于跨国公司子公司的利润，当 $t_h<t_f$ 时，公平交易原则使转移价格从正值降低到零值，子公司利润上升，从而两企业总利润上升、税基增大；当 $t_h>t_f$ 时，公平交易原则使转移价格从负值提高到零值，子公司利润降低。又由于成本变化对跨国公司的直接效应大于对外国公司的间接效应，因此，子公司利润降低量大于外国企业利润增加量，总利润减少从而税基减小。综合以上结论可以发现，公平交易原则会提高高税率国家的税基、降低低税率国家的税基，而前者税基的增加是以后者税基的减小为代价的。

社会福利是政府关心的重要目标之一，接下来，我们分析公平交易原则对社会福利的影响。

定义 5.1：社会福利包括消费者剩余、企业利润以及政府税收，即 $W=CS+\pi+R$。

由于两市场是分割的，跨国公司在外国的市场行为不会影响本国的情况，故本国消费者剩余可看作一个常数，从而本国社会福利为 $W_d=\overline{CS}+(1-t_h)\ m^Cq_1+t_hm^Cq_1$。显然，在公平交易原则约束下，本国社会福利的变化与其税基变化保持一致。

对于外国，其社会福利为：

$$W_f = CS + (1-t_f)\pi_2 + t_f(\pi_1 + \pi_2)$$

其中，消费者剩余 $CS = \int_0^Q P(Q)\mathrm{d}Q - P(Q)Q$。转移价格从三方面对社会福利产生影响，即：

$$\frac{\mathrm{d}W_f}{\mathrm{d}m} = \frac{\partial CS}{\partial m} + (1-t_f)\frac{\partial \pi_2}{\partial m} + t_f \frac{\partial(\pi_1 + \pi_2)}{\partial m}$$

根据式（5.1），如果 $t_f > t_h$，则 $\frac{\mathrm{d}q_1}{\mathrm{d}m} > 0$，因此，公平交易原则使 m 由正值下降为零时，q_1 将随之下降；如果 $t_f < t_h$，则 $\frac{\mathrm{d}q_1}{\mathrm{d}m} < 0$，因此，公平交易原则使 m 由负值上升为零时，q_1 也将随之下降。又由于 $\left|\frac{\mathrm{d}q_1}{\mathrm{d}m}\right| > \left|\frac{\mathrm{d}q_2}{\mathrm{d}m}\right|$，并且 $\frac{\mathrm{d}CS}{\mathrm{d}m} = -P'(Q)Q\frac{\mathrm{d}Q}{\mathrm{d}m}$，因此，在公平交易原则约束下，无论转移价格如何变化，市场生产水平都会降低，从而消费者福利也将降低。

对社会福利在 $m^C = 0$，即 $t_f = t_h$ 处求导：

$$\left.\frac{\mathrm{d}W_f}{\mathrm{d}m}\right|_{m^C=0} = P(Q)\frac{\mathrm{d}Q}{\mathrm{d}m} + t_f\left[\left(P'(Q)\frac{\mathrm{d}Q}{\mathrm{d}m} - 1\right)q_1 + P(Q)\frac{\mathrm{d}q_1}{\mathrm{d}m}\right] + P'(Q)\frac{\mathrm{d}Q}{\mathrm{d}m}q_2 + P(Q)\frac{\mathrm{d}q_2}{\mathrm{d}m}$$

进行化简，得到：

$$\left.\frac{\mathrm{d}W_f}{\mathrm{d}m}\right|_{m^C=0} = -t_f q_1 < 0$$

据此，以及 $\left.\frac{\mathrm{d}(\pi_1 + \pi_2)}{\mathrm{d}m}\right|_{m^C=0} < 0$，可以发现，第一，转移价格对税基及社会福利的影响是同方向的，也就是说，政府在实现保护税基与提高社会福利两个目标之间并不冲突。当 $t_h < t_f$，公平交易原则使转移价格降低时，税基增大，社会福利也会提高；当 $t_h > t_f$，公平交易原则使转移价格提高时，税基减小，社会福利也会降低。第二，公平交易原则会降低低税率国家的社会福利、提高高税率国家的社会福利，且后者社会福利的增加是以前者社会福利的降低为代价的。我们把以上结果总结在本章第二个命题里。

命题 5.2：如果跨国公司为集权形式，当 $t_h > t_f$ 时，公平交易原则使转移价格提高，进而本国社会福利提高、外国社会福利降低；当 $t_h < t_f$ 时，公平交易原则使转移价格降低，进而本国社会福利降低、外国社会福利提高。

5.2.2.2 当跨国公司为分权形式

现在，我们考虑跨国公司为分权形式的情况。此时，跨国公司把产量决策权代理给子公司，只选择转移价格，从而博弈分为两个阶段。我们使用倒推法解出模型的均衡。

根据倒推法，在模型的第二阶段，子公司把成本视为给定，在外国市场上与外国企业进行竞争。因此，跨国公司子公司与外国企业的最大化目标分别为：

$$\max_{q_1} \pi_1 = (1-t_f)[P(Q)-m]q_1$$

$$\max_{q_2} \pi_2 = (1-t_f)P(Q)q_2$$

根据一阶条件，可以得到：

$$P'(Q)q_1 + P(Q) - m = 0 \tag{5.6}$$

$$P'(Q)q_2 + P(Q) = 0 \tag{5.7}$$

该阶段即经典的古诺竞争，数量竞争情况下，子公司与外国企业之间产量为战略性替代关系，即双方都希望向外移动自己的反应曲线，从而占领更大的市场份额、获取更大的利润。而转移价格恰好给了跨国公司这样一种移动其反应曲线的机会，此即转移价格的战略性效应。

进一步的，将式（5.6）、式（5.7）对 m 求导：

$$P''(Q)q_1\frac{\mathrm{d}Q}{\mathrm{d}m} + P'(Q)\frac{\mathrm{d}q_1}{\mathrm{d}m} + P'(Q)\frac{\mathrm{d}Q}{\mathrm{d}m} - 1 = 0 \tag{5.8}$$

$$P''(Q)q_2\frac{\mathrm{d}Q}{\mathrm{d}m} + P'(Q)\frac{\mathrm{d}q_2}{\mathrm{d}m} + P'(Q)\frac{\mathrm{d}Q}{\mathrm{d}m} = 0 \tag{5.9}$$

式（5.8）+式（5.9）得到：

$$[P''(Q)Q + 3P'(Q)]\frac{\mathrm{d}Q}{\mathrm{d}m} = 1$$

又由于 $P'(Q) < 0$ 以及 $P' + QP''(Q) \leqslant 0$，因此：

$$\frac{\mathrm{d}Q}{\mathrm{d}m} = \frac{1}{P''(Q)Q + 3P'(Q)} < 0 \tag{5.10}$$

又 $\left|\frac{\mathrm{d}q_1}{\mathrm{d}m}\right| > \left|\frac{\mathrm{d}q_2}{\mathrm{d}m}\right|$，以及根据式（5.9），可得 $\frac{\mathrm{d}q_1}{\mathrm{d}m} < 0$，$\frac{\mathrm{d}q_2}{\mathrm{d}m} > 0$。因此，如果 m 上升，市场生产水平 Q 下降；如果 m 下降，市场生产水平 Q 上升。退回第一阶段，跨国公司总部选择 m 以最大化总利润：

$$\max_{m} \pi_M = (1-t_h)mq_1 + (1-t_f)[P(Q)-m]q_1 - \frac{1}{2}m^2$$

可以得到：

$$m^{DC}=\frac{(t_f-t_h)q_1+(1-t_f)\left[P'(Q)q_1\frac{\mathrm{d}Q}{\mathrm{d}m}+P(Q)\frac{\mathrm{d}q_1}{\mathrm{d}m}\right]}{1-(t_f-t_h)\frac{\mathrm{d}q_1}{\mathrm{d}m}} \tag{5.11}$$

将式（5.6）与式（5.7）代入式（5.11）中，进一步得到：

$$m^{DC}=\frac{(t_f-t_h)q_1+(1-t_f)P'(Q)q_1\frac{\mathrm{d}q_2}{\mathrm{d}m}}{1-(1-t_h)\frac{\mathrm{d}q_1}{\mathrm{d}m}}$$

因此，当$t_h>t_f+(1-t_f)P'(Q)\frac{\mathrm{d}q_2}{\mathrm{d}m}$时，$m^{DC}<0$，跨国公司选择低于产品边际成本的转移价格；当$t_h<t_f+(1-t_f)P'(Q)\frac{\mathrm{d}q_2}{\mathrm{d}m}$时，$m^{DC}>0$，跨国公司选择高于产品边际成本的转移价格。分权形式下，除了转移利润，转移价格还起到一种战略性竞争效应，即跨国公司通过制定较低的转移价格，降低子公司成本，从而使其获得竞争优势、占领更大的市场份额。这体现在，当$t_h=t_f$时，$m^{DC}=\frac{(1-t_f)P'(Q)q_1\frac{\mathrm{d}q_2}{\mathrm{d}m}}{1-(1-t_h)\frac{\mathrm{d}q_1}{\mathrm{d}m}}<0$，转移价格低于其边际成本。此外，与集权形式不同，由于分权形式下跨国公司的产量是由子公司决定的，产量只受其生产成本，即转移价格的影响，税率差异不会直接影响子公司的产量，只能通过转移价格进行间接影响。

接下来，对公平交易原则效应进行分析。

我们先看税基如何变化。由于$t_h=t_f+(1-t_f)P'(Q)\frac{\mathrm{d}q_2}{\mathrm{d}m}$时，转移价格$m^{DC}=0$，因此，对于本国税收$R_d=t_hm^{DC}q_1$，当$t_h<t_f+(1-t_f)P'(Q)\frac{\mathrm{d}q_2}{\mathrm{d}m}$时，公平交易原则使转移价格由正值降低到零值，本国税基减小；当$t_h>t_f+(1-t_f)P'(Q)\frac{\mathrm{d}q_2}{\mathrm{d}m}$时，公平交易原则使转移价格由负值提高到零值，本国税基增大。

外国税收$R_f-t_f(\pi_1+\pi_2)$，来自子公司与外国公司的两部分利润。对外国税基在$m^{DC}=0$处求导，得到：

$$\left.\frac{\partial(\pi_1+\pi_2)}{\partial m}\right|_{m^{DC}=0}=[P'(Q)Q+P(Q)]\frac{\mathrm{d}Q}{\mathrm{d}m}-q_1$$

将$P(Q)=-P'(Q)q_2$与式（5.10）代入其中，得到：

$$\left.\frac{\partial(\pi_1+\pi_2)}{\partial m}\right|_{m^{DC}=0}=\left[P'(Q)\frac{\mathrm{d}Q}{\mathrm{d}m}-1\right]q_1$$
$$=\frac{-[2P'(Q)+P''(Q)Q]}{3P'(Q)+P''(Q)Q}q_1$$

可以看到，$\left.\frac{\partial(\pi_1+\pi_2)}{\partial m}\right|_{m=0}<0$。因此，在公平交易原则约束下，如果 $t_h>t_f+(1-t_f)P'(Q)\frac{\mathrm{d}q_2}{\mathrm{d}m}$，转移价格由负值上升到零值，总利润降低，外国税基减小；如果 $t_h<t_f+(1-t_f)P'(Q)\frac{\mathrm{d}q_2}{\mathrm{d}m}$，转移价格由正值下降到零值，总利润增加，外国税基增加。

与集权形式相同的是，公平交易原则会以降低低税率国家税基为代价，提高高税率国家的税基。不同的是，相比于集权形式下税基变化的临界值 $t_h=t_f$，以及 $t_f+(1-t_f)P'(Q)\frac{\mathrm{d}q_2}{\mathrm{d}m}<t_f$，我们发现分权形式下，公平交易原则使外国税基减小的范围扩大了。要理解这一现象背后的直觉，首先我们知道，分权形式下，转移价格不仅有利润转移作用，还有战略性竞争作用。其中，为了使子公司获得竞争优势，会进一步压低转移价格。

其次，根据前面分析，我们知道集权形式下，当本国税率低于（高于）外国税率时，由于公平交易原则使转移价格降低（升高），因此，企业总利润上升（下降），从而税基增加（减小）。而分权形式下，由于战略性竞争效应的存在，公平交易原则下，转移价格会更低，所以，当转移价格从更低的正值降低到边际成本时，市场产量上升幅度较集权形式下更小，两企业利润即税基增大的幅度也降低。同理，当公平交易原则会提高转移价格时，分权形式下，转移价格会从更低的负值提高到零值，成本上升幅度变大，两企业利润即税基减小的幅度也增大。我们把以上分析总结在本章第三个命题里。

命题 5.3：考虑跨国公司为分权形式的情况，当 $t_h>t_f+(1-t_f)P'(Q)\frac{\mathrm{d}q_2}{\mathrm{d}m}$ 时，公平交易原则使转移价格上升、本国税基增大、外国税基减小；当 $t_h<t_f+(1-t_f)P'(Q)\frac{\mathrm{d}q_2}{\mathrm{d}m}$ 时，公平交易原则使转移价格下降、本国税基减小、外国税基增大。相比于集权形式，分权形式下，公平交易原则使外国税基减小的幅度将会扩大。

关于公平交易原则对两国社会福利的影响，同理，公平交易原则对本国社会福利与其税基的影响相同。对于外国，其社会福利为：

$$W_f = CS + (1-t_f)\pi_2 + t_f(\pi_1 + \pi_2)$$

转移价格分别通过消费者剩余、企业利润以及政府税收对社会福利产生影响，即：

$$\frac{\mathrm{d}W_f}{\mathrm{d}m} = \frac{\partial CS}{\partial m} + (1-t_f)\frac{\partial \pi_2}{\partial m} + t_f\frac{\partial(\pi_1+\pi_2)}{\partial m}$$

其中，消费者剩余为 $CS = \int_0^Q P(Q)\mathrm{d}Q - P(Q)Q$，从而 $\frac{\mathrm{d}CS}{\mathrm{d}m} = -P'(Q)Q\frac{\mathrm{d}Q}{\mathrm{d}m}$。因此，当 $t_h > t_f + (1-t_f)P'(Q)\frac{\mathrm{d}q_2}{\mathrm{d}m}$，公平交易原则使转移价格提高时，市场总产量降低从而消费者剩余降低；当 $t_h < t_f + (1-t_f)P'(Q)\frac{\mathrm{d}q_2}{\mathrm{d}m}$，公平交易原则使转移价格降低时，市场总产量提高从而消费者剩余上升。

再次对社会福利在 $m=0$ 处求导：

$$\left.\frac{\mathrm{d}W_f}{\mathrm{d}m}\right|_{m^{DC}=0} = P'(Q)\frac{\mathrm{d}Q}{\mathrm{d}m} + t_f\left[\left(P'(Q)\frac{\mathrm{d}Q}{\mathrm{d}m}-1\right)q_1 + P(Q)\frac{\mathrm{d}q_1}{\mathrm{d}m}\right] +$$

$$P'(Q)\frac{\mathrm{d}Q}{\mathrm{d}m}q_2 + P(Q)\frac{\mathrm{d}q_2}{\mathrm{d}m}$$

整理可得：

$$\left.\frac{\mathrm{d}W_f}{\mathrm{d}m}\right|_{m^{DC}=0} < \frac{(1-t_f)QP''(Q)q_2}{2[3P'(Q)+P''(Q)Q]} - t_f q_1 < 0$$

这意味着，与集权形式的情况相同，社会福利是转移价格的减函数。如果公平交易原则使转移价格提高，那么，社会福利水平下降；如果转移价格降低，那么，社会福利水平上升。我们再次发现公平交易原则会提高高税率国家的社会福利，降低低税率国家的社会福利。并且，根据前面得到的 $\left.\frac{\mathrm{d}(\pi_1+\pi_2)}{\mathrm{d}m}\right|_{m^{DC}=0} < 0$ 可知，公平交易原则对税基及社会福利的影响也是同方向的，即政府在实现保护税基与提高社会福利两个目标之间并不冲突，这与集权形式的结论一致。我们得到本章第四个命题。

命题 5.4：如果跨国公司为分权形式，当 $t_h < t_f + (1-t_f)P'(Q)\frac{\mathrm{d}q_2}{\mathrm{d}m}$ 时，公平交易原则使转移价格降低，进而本国社会福利降低、外国社会福利提高；当 $t_h > t_f + (1-t_f)P'(Q)\frac{\mathrm{d}q_2}{\mathrm{d}m}$ 时，公平交易原则使转移价格提高，进而本国社会福利提高、外国社会福利降低；相比于集权形式，公平交易原则使外国社会福利水平下降的幅度将会扩大。

5.2.3 一个例子：线性需求函数

假设代表性消费者目标最大化$U(q_1,q_2)-\sum_{i=1}^{2}p_iq_i$，其中，$q_i$是商品$i$的消费数量，$p_i$是其价格，并且效用函数$U$为二次的以及严格凹（Concave）：

$$U(q_1,q_2)=q_1+q_2-\frac{1}{2}(q_1^2+2bq_1q_2+q_2^2)$$

其中，$0<b<1$。得到反需求函数分别为：

$$p_1=1-q_1-bq_2$$

$$p_2=1-q_2-bq_1$$

从而直接需求函数分别为：

$$q_1=\alpha-\beta p_1+\gamma p_2$$

$$q_2=\alpha-\beta p_2+\gamma p_1$$

其中，$\alpha=\frac{1-b}{1-b^2}$，$\beta=\frac{1}{1-b^2}$，$\gamma=\frac{b}{1-b^2}$。

5.2.3.1 当跨国公司为集权形式

首先，我们分析不存在公平交易原则约束时的市场均衡。此时，当转移价格偏离边际成本时，即使产生一定的成本，但基本上跨国公司可以相对自由地选择转移价格。集权形式下，跨国公司同时选择m与q_1以最大化总利润：

$$\max_{q_1,m}\pi_M=(1-t_h)mq_1+(1-t_f)(p-m)q_1-\frac{1}{2}m^2$$

跨国公司的利润由以下三项决定：第一项代表跨国公司为子公司提供产品得到的利润，按本国税率t_h承担税负；第二项代表子公司在外国市场得到的利润，按外国税率t_f承担税负；第三项代表转移价格偏离边际成本所带来的成本。通过一阶最优条件，计算可得：

$$m^C=q_1(t_f-t_h)$$

如果$t_f>t_h$，则$m^C>0$，跨国公司选择高于边际成本的转移价格，把企业利润从高税率的外国转移到低税率的本国；如果$t_f<t_h$，则$m^C<0$，跨国公司选择低于边际成本的转移价格，把企业利润从高税率的本国转移到低税率的外国。当$t_f=t_h$，即无利润转移动机时，则$m^C=0$，转移价格等于其边际成本。

在同一阶段，外国企业选择 q_2 以最大化利润：

$$\max_{q_2}(1-t_f)\pi_2=(1-t_f)(1-q_1-q_2)q_2$$

由一阶条件可得外国企业的反应函数为：

$$q_2=\frac{1-q_1}{2}$$

根据以上反应函数，可知均衡时，跨国公司产量必然高于外国企业产量，计算得到市场产量为：

$$q^C=\frac{2(2-b)(1-t_f)-(t_f-t_h)^2}{(4-b^2)(1-t_f)-2(t_f-t_h)^2}$$

本部分分析有公平交易原则约束时的均衡。此时，转移价格等于其边际成本，也就不存在偏离成本。跨国公司选择 q_1 以最大化利润：

$$\max_{q_1}\pi_M=(1-t_h)cq_1+(1-t_f)(p-c)q_1$$

公平交易原则不影响外国企业的行为，因此，其反应函数不变。由一阶条件计算得到均衡时的外国市场总产量为：

$$q^{CAL}=\frac{2(2-b)}{4-b^2}$$

由于我们假定 $c=0$，因此，在公平交易原则约束下，市场生产水平为 $q^{CAL}=\frac{2}{3}$。对于公平交易原则的效应分析，首先，我们分析两国税基有何变化，这也是公平交易原则实施的初衷。本国税基为跨国公司向其子公司出售产品得到的利润，税收即为 $R_d=t_hm^Cq_1$。在没有公平交易原则约束时，如果 $m^C>0$，则 $R_d>0$；如果 $m^C<0$，企业账面为亏损状态，所以 $R_d=0$。现在公平交易原则规定转移价格等于其边际成本，即 $m^C=0$，所以总部无利润，税收在任何情况下都为 0。因此，公平交易原则不会增加本国税收。

对于外国，其税基来自两部分，即跨国公司子公司与外国企业的利润：

$$\pi_1+\pi_2=(p-m^C)q_1+pq_2$$

对外国税基在 $m^C=0$，即 $t_f=t_h$ 处求导，得到：

$$\left.\frac{\mathrm{d}(\pi_1+\pi_2)}{\mathrm{d}m}\right|_{m=0}=\frac{(2-b)[(t_f-t_h)(b^2-2b)(4-b^2)^2(1-t_f)]}{(4-b^2)^2(1-t_f)}<0$$

这意味着，如果 $t_h>t_f$，则无约束时转移价格为负 $m^C<0$。现公平交易原

则使转移价格由负值上升到零值，总利润随着转移价格的上升而减少，从而税基减小。如果$t_h < t_f$，无约束时转移价格为正$m^C > 0$。现公平交易原则使转移价格由正值下降到零值，总利润随着转移价格的下降而增加，从而税基增加。因此，我们得到本章第五个命题。

命题 5.5：如果跨国公司为集权形式，公平交易原则不会增加本国税基；当$t_h < t_f$时，公平交易原则使转移价格降低、外国税基增加；当$t_h > t_f$时，公平交易原则使转移价格提高、外国税基减小。

由于两市场是分割的，跨国公司在外国的市场行为不会影响本国的情况。因此，本国消费者剩余可以看作一个常数，从而本国社会福利即为$W_d = \overline{CS} + (1-t_h)m^C q_1 + t_h m^C q_1$。可以看到，本国的社会福利与其税基变化一致，公平交易原则不会提高本国社会福利。

对于外国，其社会福利为：

$$W_f = CS + (1-t_f)\pi_2 + t_f(\pi_1 + \pi_2)$$

其中，消费者剩余即$CS = q_1 + q_2 - \frac{1}{2}(q_1^2 + q_2^2 + 2bq_1q_2) - p_1q_1 - p_2q_2$。转移价格通过三方面对社会福利产生影响，即：

$$\frac{\mathrm{d}W_f}{\mathrm{d}m} = \frac{\partial CS}{\partial m} + (1-t_f)\frac{\partial \pi_2}{\partial m} + t_f\frac{\partial(\pi_1 + \pi_2)}{\partial m}$$

其中，根据$\frac{\partial CS}{\partial m} = \frac{\partial CS}{\partial q}\frac{\mathrm{d}q}{\mathrm{d}m}$及$m^C = q_1(t_f - t_h)$，可以发现无论转移价格如何变化，在公平交易原则约束下，消费者剩余总是降低的。[①]

对社会福利在$m^C = 0$，即$t_f = t_h$处求导，也可得到：

$$\left.\frac{\mathrm{d}W_f}{\mathrm{d}m}\right|_{m^C=0} < 0$$

据此及$\left.\frac{\mathrm{d}(\pi_1 + \pi_2)}{\mathrm{d}m}\right|_{m^C=0} < 0$，可以发现转移价格对税基及社会福利的影响是同方向的，也就是说，政府在实现保护税基与提高社会福利两个目标之间并不冲突。当$t_h < t_f$，公平交易原则使转移价格降低时，税基增大、社会福利也会提高；当$t_h > t_f$，公平交易原则使转移价格提高时，税基减小、社会福利也会

① 对比公平交易原则前后的市场产量，由$q^C = \frac{2(1-t_f)-(t_f-t_h)^2}{3(1-t_f)-2(t_f-t_h)^2} > q^{CAL} = \frac{2}{3}$也可得该结论。

降低。我们把以上结果总结在本章第六个命题里。

命题 5.6：当跨国公司为集权形式时，公平交易原则不会提高本国福利；对于外国，如果$t_h > t_f$，公平交易原则使转移价格提高，那么，社会福利降低；如果$t_h < t_f$，公平交易原则使转移价格降低，那么，社会福利提高。

为了更清晰地理解以上结果，令$t_h = 0.3$，$b = 0.5$，以t_f为横轴，以公平交易原则实施前后的消费者福利、外国税基以及社会福利为纵轴，分别做数值模型，得到图 5.1、图 5.2、图 5.3。

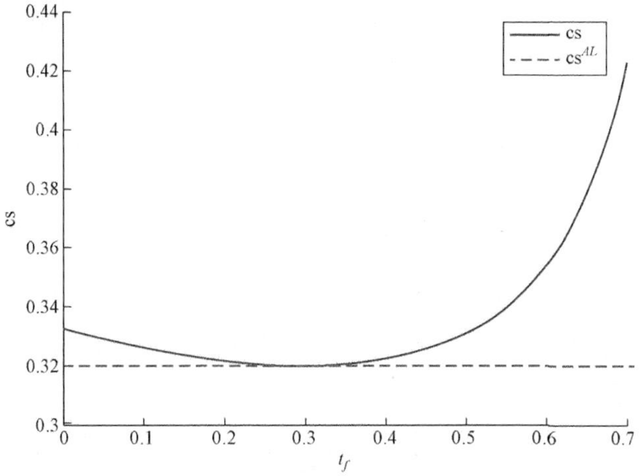

图 5.1　当跨国公司为集权形式，公平交易原则降低消费者福利

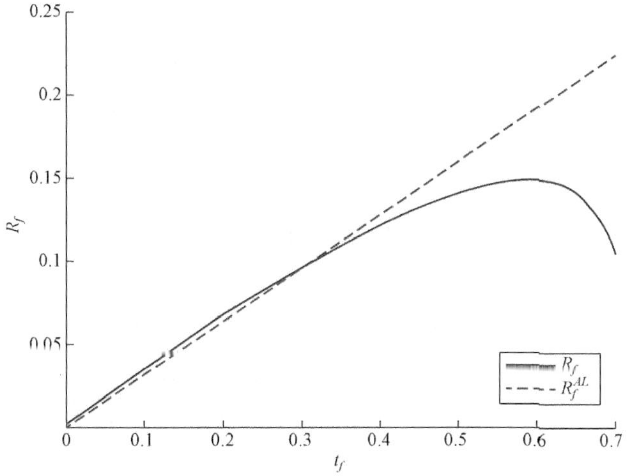

图 5.2　外国税收 $t_h > t_f$ 时下降，$t_h < t_f$ 时上升

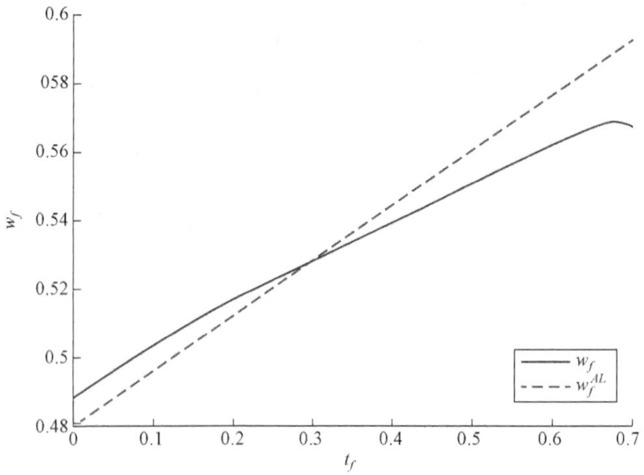

图 5.3　外国税收与社会福利 $t_h > t_f$ 时下降，$t_h < t_f$ 时上升

5.2.3.2　当跨国公司为分权形式

现在，我们考虑跨国公司为分权形式的情况。此时，跨国公司把产量决策权代理给子公司，只选择转移价格，从而博弈分为两个阶段。我们使用倒推法解出模型的均衡。

首先，我们看无公平交易原则约束的情况。在模型的第二阶段，子公司把成本视为给定，在外国市场上与外国企业进行竞争。因此，跨国公司子公司与外国企业的最大化目标分别为：

$$\max_{q_1}(1-t_f)\pi_1=(1-t_f)(p_1-m)q_1$$

$$\max_{q_2}(1-t_f)\pi_2=(1-t_f)p_2q_2$$

退回第一阶段，跨国公司总部选择 m 以最大化总利润：

$$\max_{m}\pi_M=(1-t_h)mq_1+(1-t_f)\left(p-m\right)q_1-\frac{1}{2}m^2$$

计算可得均衡时的转移价格及外国市场上的总产量分别为：

$$m^{DC}=\frac{(2-b)[(4-b^2)(1-t_h)-4(1-t_f)]}{(4-b^2)^2+4(4-b^2)(1-t_h)-8(1-t_f)}$$

$$q^{DC}=\frac{2(4-b^2)^2+(6+b)(4-b^2)(1-t_h)-4(1-t_f)(2+b)}{(4-b^2)[(4-b^2)^2+4(4-b^2)(1-t_h)-8(1-t_f)]}$$

因此，当 $t_h > \dfrac{4t_f-b^2}{4-b^2}$ 时，$m^{DC}<0$，跨国公司选择低于产品边际成本的转

移价格；当 $t_h < \frac{4t_f - b^2}{4-b^2}$ 时，$m^{DC} > 0$，跨国公司选择高于产品边际成本的转移价格。

在公平交易原则约束的情况下，模型的第二阶段依然是经典的古诺竞争结果，且转移价格等于其边际成本。

$$\max_{q_i}(1-t_f)\pi_i = (1-t_f)p_i q_i\text{，}\quad i=\{1,2\}$$

不同的是第一阶段，此时，由于转移价格给定且分权形式下，产量由子公司选择，所以可直接得到均衡时的市场总产量为 $q^{DCAL} = \frac{2(2-b)}{4-b^2}$。

对于公平交易原则的效应分析，同样，我们首先看税基如何变化。对于本国税收 $R_d = t_h m^{DC} q_1$，与集权形式的情况同样的道理，公平交易原则不会增加本国税收。外国税收 $R_f = t_f(\pi_1 + \pi_2)$，同样来自子公司与外国公司的两部分利润。对外国税基在 $m=0$ 处求导，得到：

$$\left.\frac{d(\pi_1+\pi_2)}{\mathrm{d}m}\right|_{m^{DC}=0} = -\frac{2}{9} < 0$$

又 $t_h = \frac{4t_f - b^2}{4-b^2}$ 时，转移价格 $m^{DC}=0$，因此，在公平交易原则约束下，如果 $t_h > \frac{4t_f - b^2}{4-b^2}$，则转移价格由负值上升到零值，总利润降低，税基减小；如果 $t_h < \frac{4t_f - b^2}{4-b^2}$，则转移价格由正值下降到零值，总利润增加，税基增加。

相比于集权形式下税基变化的临界值 $t_h = t_f$ 及 $\frac{4t_f - b^2}{4-b^2} < t_f$，我们发现分权形式下，公平交易原则使外国税基减小的范围扩大了。要理解这一现象背后的直觉，首先我们知道，分权形式下，转移价格不仅有利润转移作用，还有战略性竞争作用。其中，战略性竞争效应，为了使子公司获得竞争优势，会进一步压低转移价格，即 $m^{DC} < m^C$。

其次，根据前面分析，我们知道集权形式下，当本国税率低于（高于）外国税率时，由于公平交易原则使转移价格降低（升高），因此，企业总利润上升（下降），从而税基增加（减小）。而分权模式下，由于战略性竞争效应的存在，公平交易原则下，转移价格会更低，所以，当转移价格从更低的正值降低到边际成本时，市场产量上升幅度较集权形式下更小，两企业利润即税基增大的幅度也降低。同理，当公平交易原则会提高转移价格时，分权形式下，转移价格会从更低的负值提高到零值，成本上升幅度变大，两企业利润即税基减小的幅度也增大。我们把以上分析总结在本章第七个命题里。

命题 5.7：考虑跨国公司为分权形式的情况，公平交易原则不会增加本国税基；对于外国，当 $t_h > \dfrac{4t_f - b^2}{4 - b^2}$ 时，公平交易原则使转移价格上升、税基减小；当 $t_h < \dfrac{4t_f - b^2}{4 - b^2}$ 时，公平交易原则使转移价格下降、税基增大。相比于集权形式，分权形式下，公平交易原则使税基减小的幅度扩大了。

关于公平交易原则对两国社会福利的影响，同理，公平交易原则不会使本国社会福利增加。对于外国，其社会福利为：

$$W_f = CS + (1 - t_f)\pi_2 + t_f(\pi_1 + \pi_2)$$

其中，消费者剩余为 $CS = q_1 + q_2 - \dfrac{1}{2}(q_1^2 + q_2^2 + 2bq_1q_2) - p_1q_1 - p_2q_2$。转移价格分别通过消费者剩余、企业利润以及政府税收对社会福利产生影响，即：

$$\frac{\mathrm{d}W_f}{\mathrm{d}m} = \frac{\partial CS}{\partial m} + (1 - t_f)\frac{\partial \pi_2}{\partial m} + t_f \frac{\partial(\pi_1 + \pi_2)}{\partial m}$$

由于分权形式下，外国市场的竞争即经典的古诺竞争，因此，当 $t_h > \dfrac{4t_f - b^2}{4 - b^2}$，公平交易原则使转移价格提高时，市场总产量降低从而消费者剩余降低；当 $t_h < \dfrac{4t_f - b^2}{4 - b^2}$，公平交易原则使转移价格降低时，市场总产量提高从而消费者剩余上升。

再次对社会福利在 $m = 0$ 处求导，得到：

$$\left.\frac{\mathrm{d}W_f}{\mathrm{d}m}\right|_{m=0} < 0$$

可以发现，与集权形式的情况相同，社会福利是转移价格的减函数。如果公平交易原则使转移价格提高，那么，社会福利水平下降；如果使转移价格降低，那么，社会福利水平上升。且根据前面得到的 $\left.\dfrac{d(\pi_1 + \pi_2)}{\mathrm{d}m}\right|_{m=0} < 0$，我们发现，此时，转移价格对税基及社会福利的影响也是同方向的，即政府在实现保护税基与提高社会福利两个目标之间并不冲突。这与集权形式的结论是一致的，因此，得到本章第八个命题。

命题 5.8：当跨国公司为分权形式时，公平交易原则不会增加本国福利；对于外国，当 $t_h < \frac{4t_f - b^2}{4-b^2}$ 时，公平交易原则使转移价格降低、社会福利增加；当 $t_h > \frac{4t_f - b^2}{4-b^2}$ 时，公平交易原则使转移价格提高、社会福利降低；相比于集权形式，公平交易原则使社会福利水平下降的幅度扩大了。

同样的，为了更清晰地理解以上结果，令 $t_h = 0.3$，令 $b = 0.5$，以 t_f 为横轴，以公平交易原则实施前后的消费者福利、外国税基、外国社会福利以及企业利润为纵轴，分别做数值模型，得到图 5.4、图 5.5、图 5.6。

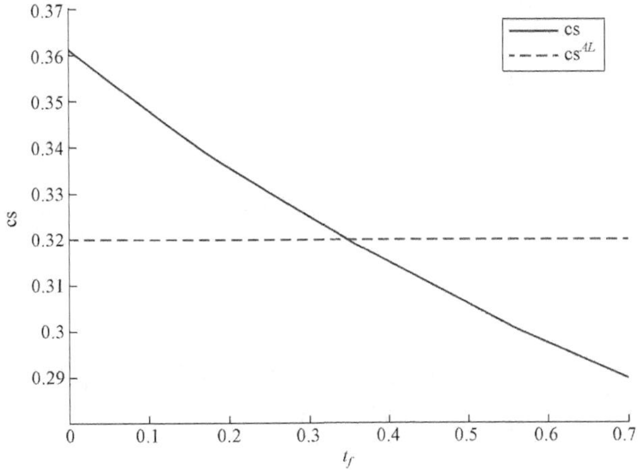

图 5.4　消费者剩余 $t_h < \frac{4t_f - b^2}{4-b^2}$ 时提高，$t_h > \frac{4t_f - b^2}{4-b^2}$ 时降低

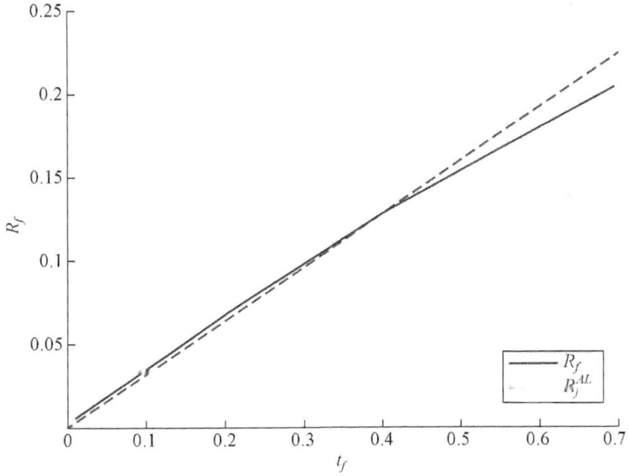

图 5.5　外国税收及社会福利 $t_h < \frac{4t_f - b^2}{4-b^2}$ 时提高，$t_h > \frac{4t_f - b^2}{4-b^2}$ 时降低

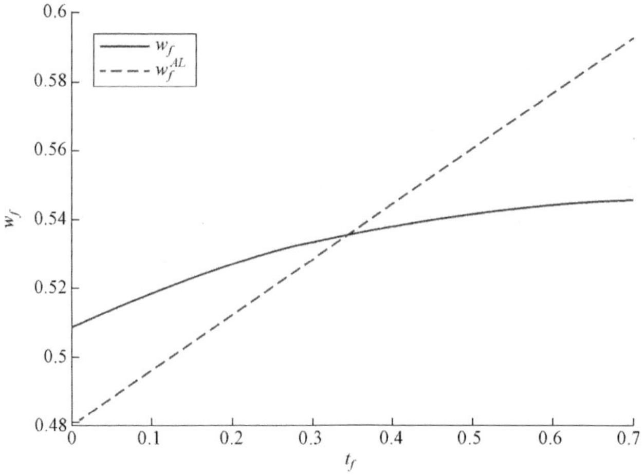

图 5.6　社会福利 $t_h < \frac{4t_f - b^2}{4 - b^2}$ 时提高，$t_h > \frac{4t_f - b^2}{4 - b^2}$ 时降低

5.2.4　讨论

现在，我们讨论几种扩展模型，分析以上结论是否依然成立。首先，假设企业之间进行价格竞争时，我们得到本章第九个命题。

命题 5.9：当企业之间进行价格竞争时，前面得到的结论依然成立。相比于数量竞争，公平交易原则使税基减小的幅度将缩小。

证明：考虑差别性可替代产品，跨国公司与外国公司的需求函数分别为：$q_1 = \alpha - \beta p_1 + \gamma p_2$ 与 $q_2 = \alpha - \beta p_2 + \gamma p_1$。其他假定不变。

如果跨国公司为集权模式，则跨国公司目标为：

$$\max_{m,p_1} \pi_M = (1-t_h)mq_1 + (1-t_f)(p_1 - m)q_1 - \frac{1}{2}m^2$$

根据一阶条件可得跨国公司反应函数与转移价格为：

$$p_1 = \frac{m[(1-t_f) - \beta(1-t_h)] + (1-t_f)(\alpha + \gamma p_2)}{2(1-t_f)}$$

$$m = (t_f - t_h)q_1$$

外国企业目标为：

$$\max_{p_2} \pi_2 = (1-t_f)p_2(\alpha - \beta p_2 + \gamma p_1)$$

得到：

$$p_2 = \frac{\alpha + \gamma p_1}{2\beta}$$

以及：

$$m = \frac{(2\beta+\gamma)\beta\alpha(1-t_f)(t_h-t_f)}{(4\beta^2-\gamma^2)(1-t_f)+(t_h-t_f)^2(\gamma^2-2\beta^2)\beta}$$

关于外国税基，由跨国公司子公司与外国公司总利润组成：

$$\pi_1 + \pi_2 = (p_1 - m)(1 - p_1 + \gamma p_2) + p_2(1 - p_1 + \gamma p_2)$$

对其求导，得到：

$$\left.\frac{\partial(\pi_1+\pi_2)}{\partial m}\right|_{m=0} = -\frac{\alpha\beta(2\beta+\gamma)}{(4\beta^2-\gamma^2)(1-t_f)} < 0$$

因此，如果 $t_h > t_f$，则公平交易原则使转移价格从负值提高到正值、税基减小；如果 $t_h < t_f$，则公平交易原则使转移价格从正值下降到负值、税基提高。

以上结果也可以在图中更直观地显示。同样，令 $t_h = 0.3$，令 $b = 0.5$（α、β 以及 γ 都由 b 决定），以 t_f 为横轴，以公平交易原则实施前后的消费者福利、外国税基、外国社会福利以及企业利润为纵轴，分别做数值模型。通过图 5.7、图 5.8、图 5.9，可以再次验证，该结果与数量竞争时的结论一致。

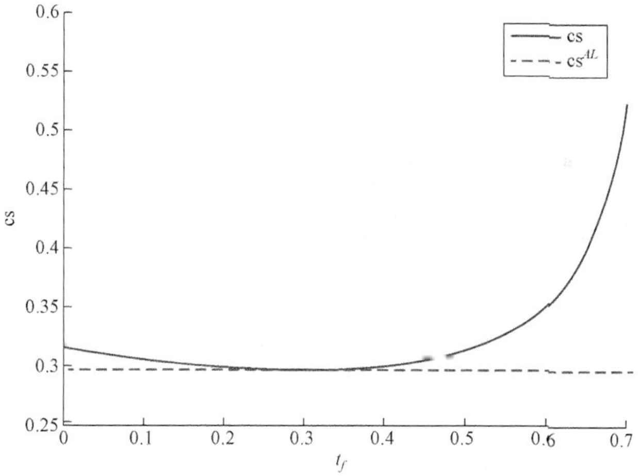

图 5.7　公平交易原则使消费者福利降低

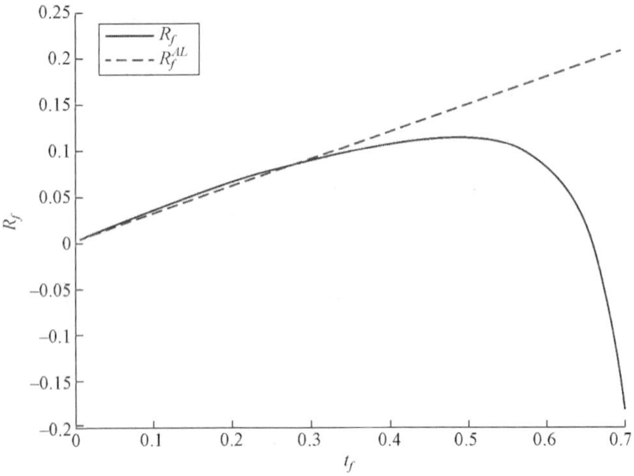

图 5.8　外国税收 $t_h > t_f$ 时降低，$t_h < t_f$ 时提高

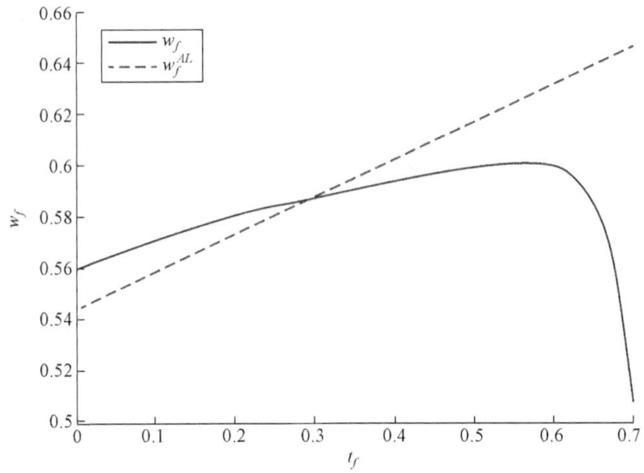

图 5.9　外国税收 $t_h > t_f$ 时降低，$t_h < t_f$ 时提高

如果跨国公司为分权形式，子公司的目标函数为：

$$\max_{p_1} \pi_1 = (1-t_f)(p_1-m)(\alpha-\beta p_1+\gamma p_2)$$

外国企业反应函数不变。退回第一阶段，跨国公司选择转移价格：

$$\max_{m} \pi_M = (1-t_h)mq_1+(1-t_f)(p_1-m)q_1-\frac{1}{2}m^2$$

得到均衡时的产品价格与转移价格为：

$$m=\frac{\beta\alpha(2\beta+\gamma)[(1-t_h)(4\beta^2-\gamma^2)+2(1-t_f)(\gamma^2-2\beta^2)]}{(4\beta^2-\gamma^2)[4\beta^2-\gamma^2-2\beta(1-t_h)(\gamma^2-2\beta^2)]-2\beta(1-t_f)(\gamma^2-2\beta^2)^2}$$

可以发现，如果 $t_h=t_f$，则 $m>0$。

如果公平交易原则使转移价格上升，那么，跨国公司产品价格上升，外国产品价格由于战略性互补关系也会上升，消费者福利下降；如果公平交易原则使转移价格下降，那么，跨国公司产品价格下降，外国产品价格也会下降，消费者福利上升。

关于外国税基，同理：

$$\pi_1+\pi_2=(p_1-m)(\alpha-\beta p_1+\gamma p_2)+p_2(\alpha-\beta p_1+\gamma p_2)$$

对其求导，得到：

$$\left.\frac{\partial(\pi_1+\pi_2)}{\partial m}\right|_{m=0}=\frac{2\beta\alpha(2+\gamma\beta)(\gamma^2+\gamma\beta-2\beta^2)}{(4\beta^2-\gamma^2)^2}<0$$

因此，与集权形式类似，如果公平交易原则使转移价格由负值上升到零，则总利润下降、税基减小；如果公平交易原则使转移价格由正值下降到零，则总利润上升、税基增大。由于转移价格的战略性效应，分权形式下的转移价格会一直高于集权形式的情况，转移价格会从更高的正值下降到零，或从更高的负值上升到零。所以，价格竞争下，战略性效应会使税基减小的幅度缩小。

与前面思路相同，再次做数值模拟，图 5.10、图 5.11、图 5.12 可以更直观地展示模型结果。

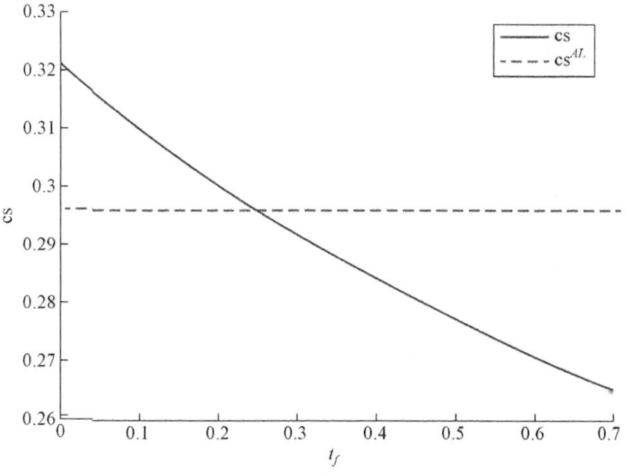

图 5.10　消费者福利 $t_h<\frac{2(2\beta^2-\gamma^2)t_f+\gamma^2}{4\beta^2-\gamma^2}$ 时提高，$t_h>\frac{2(2\beta^2-\gamma^2)t_f+\gamma^2}{4\beta^2-\gamma^2}$ 时降低

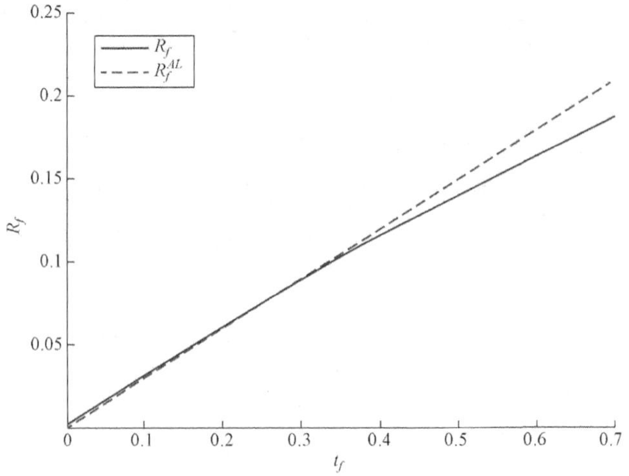

图 5.11　外国税收 $t_h < \frac{2(2\beta^2-\gamma^2)t_f+\gamma^2}{4\beta^2-\gamma^2}$ 时提高，$t_h > \frac{2(2\beta^2-\gamma^2)t_f+\gamma^2}{4\beta^2-\gamma^2}$ 时降低

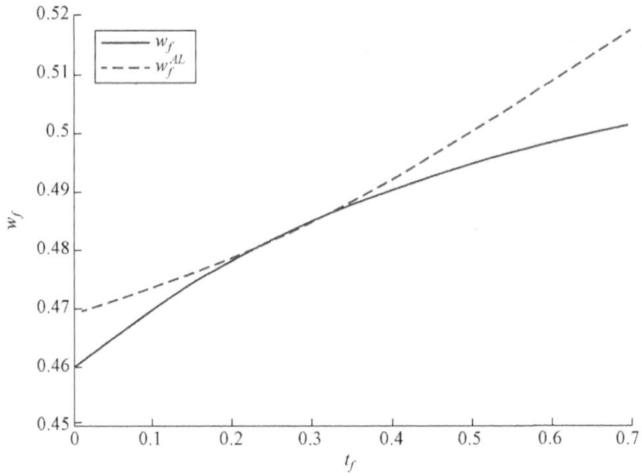

图 5.12　社会福利 $t_h < \frac{2(2\beta^2-\gamma^2)t_f+\gamma^2}{4\beta^2-\gamma^2}$ 时提高，$t_h > \frac{2(2\beta^2-\gamma^2)t_f+\gamma^2}{4\beta^2-\gamma^2}$ 时降低

此时，公平交易原则如何对税基产生影响的直觉与数量竞争时的情况是相同的。不同的是，当跨国公司为分权形式，企业之间进行价格竞争时，两企业产品价格之间为战略性互补关系，这会促使跨国公司提高转移价格，从而使外国企业价格也提高，增加利润。这表现在，当两国税率相等时，与数量竞争情况下，战略性竞争作用促使跨国公司选择低于边际成本的转移价格不同，价格竞争时，跨国公司会选择高于边际成本的转移价格。因此，当公平交易原则使转移价格从较高的负值提高到零值时，税基减小，但减小的幅度缩小了；当公平交易原则使转移价格从较高的正值降低到零值时，税基增大，且提高的幅度扩大了。因此，相比于数量竞争，公平交易原则使税基减小的幅度将缩小。

其次，我们考虑外国市场存在多个本地企业时的情况。我们认为，前面的结论保持成立。背后的直觉是，无论企业数目有多少，公平交易原则限制转移价格的利润转移及战略性竞争效应，这一结论是不会改变的，企业拥有市场势力也是不变的。所以，公平交易原则带来的效应也不会改变，即如果公平交易原则使转移价格提高，那么，税基与社会福利下降；如果转移价格降低，那么，税基与社会福利提高。不同的是，随着企业数目的增多，企业市场势力会减小，公平交易原则使税基与社会福利降低的幅度也就会减小。可以想象，如果企业数目增大到一定程度，即相当于完全竞争市场时，该负面效应将会消失。据此，其背后的政策含义是，如果转移定价规则的实施与一国产业政策相结合，如促进市场竞争、降低企业市场势力，也许会得到更好的结果。我们得到本章第十个命题。

命题 5.10：考虑多寡头市场模型，前面得到的结论依然成立。并且，随着市场企业数目的增加，公平交易原则使税基与社会福利降低的幅度将缩小。

最后，我们也可以从直觉上解释公平交易原则是如何影响企业组织形式选择的，即集权还是分权。从本质上讲，跨国公司在集权与分权形式之间有双重边际成本与战略性竞争优势之间的权衡，即跨国公司选择分权形式时，一方面可以获得战略性竞争优势，但另一方面，会发生双重边际成本。因此，如果战略性竞争优势可以弥补双重边际成本，跨国公司将选择分权形式；反之，则选择集权形式。公平交易原则规定跨国公司的转移价格需要等于其边际成本（或边际成本某个加权值），这就限制了转移价格的战略性竞争优势。因此，为了避免双重边际成本，跨国公司会更加倾向于选择集权形式。这与以往文献，如 Devereus & Keuschnigg（2013）的结论是一致的。

5.2.5　结论

本文从市场结构角度出发，分析了不完全竞争市场中，公平交易原则税基保护的有效性问题及对社会福利的影响。运用寡头竞争模型，结论表明，旨在保护税基的公平交易原则反而可能导致税基减小、社会福利降低。具体来说，在公平交易原则约束下，如果转移价格降低，那么，税基增大、社会福利提高；如果转移价格提高，那么，税基减小、社会福利降低。该结论在一般化的凹需求函数、多寡头竞争模型以及价格竞争的情况中，都将成立。结论背后的原因是，公平交易原则限制了转移价格的利润转移与战略性竞争动机，又由于不同于完全竞争，不完全竞争市场中，企业具有一定的市场势力，其生产是有弹性的。因此，我们得到以上结论。

研究结果表明，旨在保护税基的公平交易原则，即使是有效率的，也可能带来一些负面效应，使税基减小、社会福利降低。在此看来，寻找既可以保护税基，又不会带来“副作用”的更有效的转移定价规则，也许是我们未来应该努力的方向。

5.3 内生化公平交易价格

上部分分析中，我们假设公平交易价格即等于产品的真实边际成本，这在产品的成本比较明确时可行，并且是最理想的状态。然而现实中，产品的真实边际成本并不容易得到。因此，本部分，我们内生化公平交易价格并进行分析。

5.3.1 模型建立

考虑一个两国模型，本国与外国，其税率分别记为 t_h 与 t_f。两国各有一家企业进行生产，来自本国的跨国公司总部（M）位于本国，其子公司（企业 1）位于外国。一家外国企业（企业 2），在外国市场上与子公司进行双寡头古诺竞争。

假设子公司与外国企业生产无差别产品，且该生产都需要投入一种重要的中间产品。跨国公司总部可以提供该中间产品，以内部转移价格 m_1 向子公司供应。假设外国企业生产所需要的中间产品也由跨国公司总部提供，价格为 m_2。

沿用上一节对消费者偏好的假定。假设代表性消费者目标最大化 $U(q_1,q_2)-\sum_{i=1}^{2}p_iq_i$，其中，$q_i$ 是商品 i 的消费数量，p_i 是其价格，并且效用函数 U 为二次的以及严格凹（Concave）：

$$U(q_1,q_2)=q_1+q_2-\frac{1}{2}(q_1^2+2bq_1q_2+q_2^2)$$

其中，$0<b<1$。得到反需求函数分别为：

$$p_1=1-q_1-bq_2$$

$$p_2=1-q_2-bq_1$$

从而直接需求函数分别为：

$$q_1=\alpha-\beta p_1+\gamma p_2$$

$$q_2=\alpha-\beta p_2+\gamma p_1$$

其中，$\alpha=\frac{1-b}{1-b^2}$，$\beta=\frac{1}{1-b^2}$，$\gamma=\frac{b}{1-b^2}$。

因此，模型进展可以总结为两个阶段：第一阶段，跨国公司总部选择最优的转移价格，最大化公司总利润；第二阶段，子公司选择产量，在外国市场与外国企业进行竞争，最大化子公司利润。

另外，跨国公司总部制定的内部转移价格 m_1，如果偏离其外部交易价格 m_2，会产生成本 $\frac{u}{2}(m_1-m_2)^2$，如聘请律师、会计以应对税务部门的审查等费用。偏离越多，成本越高。这里的 u 可以理解为一国对转移价格管制的严格程度。u 越大，代表管制越严格。为简化分析，本文中，我们假设 $u=1$。

接下来，我们解出该模型的均衡解。

5.3.2　模型分析

5.3.2.1　无公平交易原则约束的情况

我们先分析不存在公平交易原则约束时的市场均衡。此时，跨国公司可以对外国企业进行价格歧视，自由地选择内部转移价格与外部交易价格。

利用倒推法，先分析模型的第二阶段。在此阶段，跨国公司子公司以 m_1 的价格向其总部购买中间产品进行生产，然后与外国企业在外国市场上进行寡头竞争，因此，子公司的目标为：

$$\max_{q_1}(1-t_f)\pi_1=(1-t_f)(p_1-m_1)q_1$$

根据一阶最优条件，可得子公司的反应曲线为：

$$q_1=\frac{1-m_1-bq_2}{2}$$

同样，外国企业以 m_2 的价格向跨国公司购买中间产品进行生产，然后与子公司进行竞争，其目标可表示为：

$$\max_{q_2}(1-t_f)\pi_2=(1-t_f)(p_2-m_2)q_2$$

可得外国企业的反应曲线为：

$$q_2=\frac{1-m_2-bq_1}{2}$$

可以发现，两企业在外国市场的竞争是战略性替代关系，双方都希望向外移动自己的反应曲线、增加自己产量、压低对方产量，从而占领更大的市场份额、获取更多的利润。两条反应曲线的交点即市场均衡状态，可得均衡时的企业产量分别为：

$$q_1=\frac{(2-b)-2m_1+bm_2}{4-\gamma^2}$$

$$q_2=\frac{(2-b)-2m_2+bm_1}{4-\gamma^2}$$

现在，倒推到模型的第一阶段，跨国公司同时选择 m_1 与 m_2 以最大化总利润：

$$\max_{m_1,m_2}\pi_M=(1-t_h)(m_1q_1+m_2q_2)+(1-t_f)(p-m_1)q_1-\frac{u}{2}(m_1-m_2)^2$$

跨国公司总利润由以下三部分决定：第一部分是来自向子公司及外国公司出售中间产品的利润，按本国税率承担税负；第二部分为子公司在外国市场取得的利润，按外国税率承担税负；第三部分为转移定价偏离真实成本带来的成本。

计算可得一阶最优条件为：

$$\frac{\partial\pi_M}{\partial m_1}=\frac{(1-t_h)(1+m_2-4m_1)}{3}+\frac{(1-t_h)m_2}{3}-\frac{4(1-t_f)(1+m_2-2m_1)}{9}-m_1=0$$

$$\frac{\partial\pi_M}{\partial m_2}=\frac{(1-t_h)(1+m_1-4m_2)}{3}+\frac{(1-t_h)m_1}{3}+\frac{2(1-t_f)(1+m_2-2m_1)}{9}=0$$

根据克莱姆法则，可得均衡时，内部转移价格与外部交易价格分别为：

$$m_1=\frac{(2-b)}{|A|}\{(4-b^2)(2+b)\varphi_h^{\,2}+(b^2-2b-8)\varphi_h\varphi_f+(4-b^2)u[(b-2)\varphi_f+(4-b^2)\varphi_h]\}$$

$$m_2=\frac{(2-b)}{|A|}[(4-b^2)(2+b)\varphi_h^{\ 2}-2(2+b)\varphi_h\varphi_f+(4-b^2)u(b-2)\varphi_f+(4-b^2)\varphi_h]$$

其中，$|A|=(4-b^2)\{2\varphi_h[(4-b^2)\varphi_h-2\varphi_f]-(b-2)u(b-2)\varphi_f+2(4-b^2)\varphi_h]\}>0$，二阶最优条件约束使得$|A|>0$。

根据以上结果，如果外国税率高于本国税率$t_f>t_h$，则$m_1>0$，跨国公司选择高于成本的转移价格，把企业利润从高税率的外国转移到低税率的本国；如果外国税率低于本国税率$t_f<t_h$，则$m_1<0$，跨国公司选择低于成本的转移价格，把企业利润从高税率的本国转移到低税率的外国。当本国和外国的利润税率相同，即无利润转移动机时，转移价格等于其边际成本，为零。

并且：

$$m_1-m_2=\frac{18(1-t_h)(t_f-1)-9(5-3t_h-2t_f)}{|A|}<0$$

无公平交易原则约束时，跨国公司总会选择比内部转移价格较高的外部交易价格，即$m_1<m_2$。这说明，跨国公司除了利润转移动机，还存在战略性竞争动机。正如前面所分析的，由于两企业之间是战略性替代关系，跨国公司可以通过向外国企业收取较高的价格而使其子公司获得竞争性优势。

我们把以上分析结论，总结得到本章第十一个命题里。

命题 5.11：无公平交易原则约束时，跨国公司会选择较低的内部转移价格与较高的外部交易价格，以同时实现其利润转移与战略性竞争目的，最大化企业总利润。

5.3.2.2　有公平交易原则约束的情况

接着，我们分析有公平交易原则约束的情况。在此，公平交易原则意味着，跨国公司现在不能对外国企业进行价格歧视，其选择的内部转移价格与外部交易价格必须相等。

同理，根据倒推法，在模型的第二阶段，由于子公司与外国企业面临相同的成本（转移价格）m，转移价格的战略性竞争作用消失。因此，此阶段即经典的古诺模型。可得此时的市场产量为：

$$q_1=q_2=\frac{(2-b)(1-m)}{4-b^2}$$

模型的第一阶段，跨国公司选择转移价格以最大化总利润：

$$\max_{m} \pi_M^{AL} = \varphi_h(mq_1 + mq_2) + \varphi_f(p_1 - m)q_1$$

由一阶条件可得该情况下，均衡转移价格为：

$$m = \frac{(4-b^2)\varphi_h + (b-2)\varphi_f}{2(4-b^2)\varphi_h + (b-2)\varphi_f}$$

可以发现，在公平交易原则约束下，虽然转移价格的战略性竞争作用消失，但其利润转移动机依然存在。当本国税率较高，即 $t_h > \frac{2+t_f}{3}$ 时，跨国公司选择高于真实成本的转移价格，$m > 0$；当本国税率较低，即 $t_h < \frac{2+t_f}{3}$ 时，跨国公司选择低于真实成本的转移价格，$m < 0$。与无公平交易原则约束情况不同的是，当两国税率相等 $t_h = t_f$ 时，转移价格 $m = \frac{4(1-t_h)}{19-10t_h} > 0$。这是因为，考虑到外国市场竞争中，两企业成本相同，且中间产品利润也作为公司总利润的一部分，跨国公司总会倾向于选择稍高的转移价格，以获取相应的中间产品利润。

5.3.2.3 公平交易原则效应分析

现在，我们分析公平交易原则带来的效应。我们先看转移价格的变化。为此，我们令 $t_h = 0.3$，t_f 为横轴，对有无公平交易原则约束时的转移价格、消费者剩余、税收以及社会福利进行数值模拟，得到图 5.13、图 5.14、图 5.15、

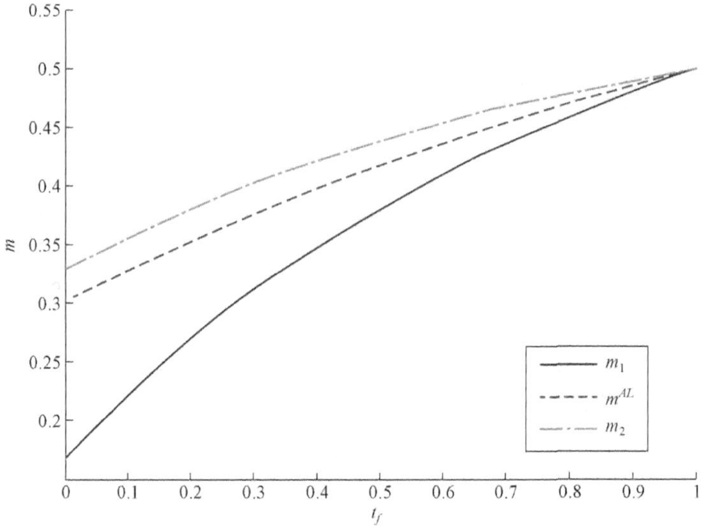

图 5.13　公平交易原则使内部转移价格提高、外部交易价格降低

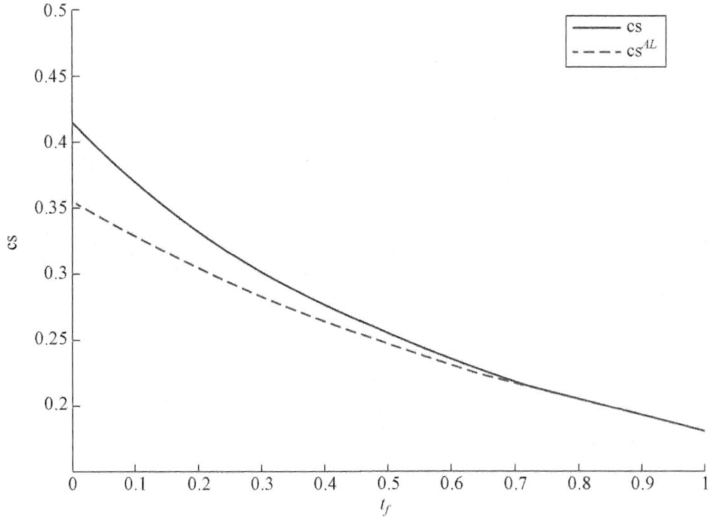

图 5.14　公平交易原则使消费者福利降低

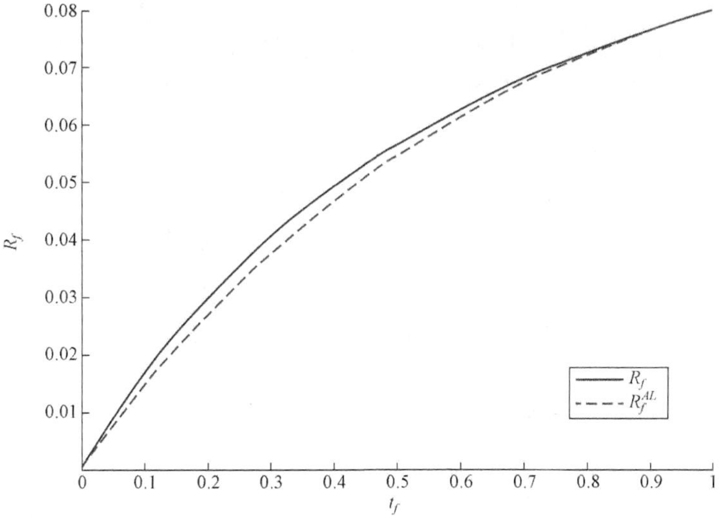

图 5.15　公平交易原则使外国政府税收降低

图 5.16。在数值模拟中，消费者福利计算公式为 $CS = q_1 + q_2 - \frac{1}{2}(q_1^2 + q_2^2 + 2bq_1q_2) - p_1q_1 - p_2q_2$；外国政府税收计算公式为 $R_f = t_f[(p_1 - m_1)q_1 + (p_2 - m_2)q_2]$；以及社会福利计算公式为 $W_f = CS + R_f + \pi_2$，其中，$\pi_2 = (1 - t_f)(p_2 - m_2)q_2$。

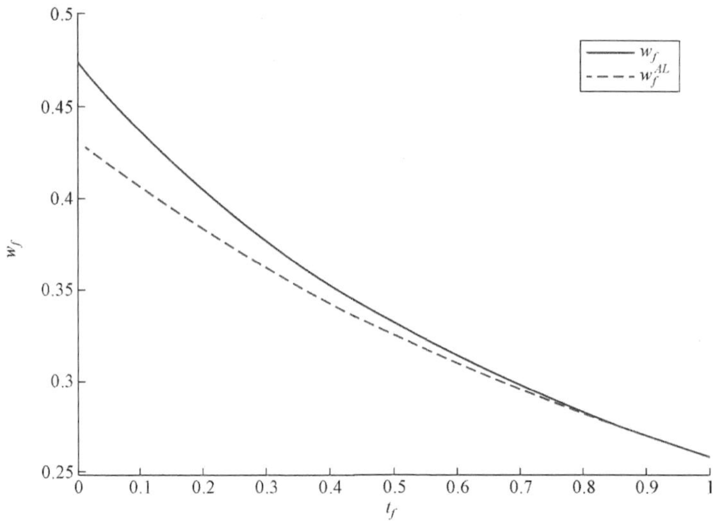

图 5.16　公平交易原则使社会福利降低

根据以上数值模拟，可以发现，$m_1 < m^{AL} < m_2$，即公平交易原则会提高内部转移价格，降低外部交易价格。同时，可以看到，外国税收以及社会福利在公平交易原则约束下，反而下降了。这是因为，外国税基由跨国公司子公司利润与外国企业利润两部分组成。随着跨国公司内部转移价格下降、外部交易价格上升，外国企业利润上升，子公司利润下降。而由于跨国公司拥有中间产品的垄断性定价权，公平交易原则是对跨国公司决策产生*直接*约束，因此，对子公司的直接影响必然大于对外国企业的间接影响，从而子公司利润下降幅度超过外国企业利润上升幅度，外国税基减小、税收下降。

5.3.2.4　考虑跨国公司可以关闭外国企业的情况

假设外国企业向跨国公司购买中间产品进行生产，因此，跨国公司有不向外国企业提供中间产品的动机。如果跨国公司关闭外国企业，那么，它将作为一个垄断厂商供应市场。[①]因此，在外国市场上，跨国公司垄断产量为 $q_1 = \dfrac{1-m_1}{2}$。模型的第一阶段，跨国公司选择转移价格进行利润最大化：

① 这种情况，现实中发生的概率并不大，因为外地企业总会找到其他供应商，至少可以获得此中间产品的替代品。但为了保证分析的完整性，我们依然在理论上进行分析。

$$\max_{m_1} \pi'_M = \varphi_h m_1 q_1 + \varphi_f (p - m_1) q_1 - \frac{1}{2} m_1^2$$

可以得到跨国公司的转移价格分别为：

$$m_1 = \frac{t_f - t_h}{5 - 2t_h - t_f} \quad q_1 = \frac{5 - t_h - 2t_f}{2(5 - 2t_h - t_f)}$$

因此，如果 $\pi'_M > \pi_M$，那么，跨国公司会选择关闭外国企业，消费者福利下降，因为寡头竞争市场总会比垄断市场对消费者更有利；当 $\pi'_M < \pi_M$ 时，跨国公司不会选择关闭外国企业，与上部分结论相同。针对跨国公司选择不关闭外国企业时的情况，通过数值模拟，我们发现以上结论保持不变。数值模拟结果参见附录 A。

5.3.3　价格竞争

首先，我们考虑企业之间进行价格竞争的情况。同样根据倒推法，在模型的第二阶段，跨国公司子公司与外国企业选择产品价格进行竞争，即：

$$\max_{p_i} (1 - t_f) \pi_i = (1 - t_f)(p_i - m_i)(\alpha - \beta p_i + \gamma p_j)$$

根据一阶条件，可得两公司的反应曲线为：

$$p_i = \frac{2\beta(\alpha + \beta m_i) + \gamma(\alpha + \beta m_j)}{4\beta^2 - \gamma^2}$$

两企业在外国市场的竞争是战略性替代关系，双方都希望向外移动自己的反应曲线、增加自己的产量、压低对方产量，从而占领更大的市场份额、获取更多的利润。

现在，倒推到模型的第一阶段，跨国公司同时选择 m_1 与 m_2 以最大化总利润：

$$\max_{m_1, m_2} \pi_M = \varphi_h (m_2 q_2 + m_1 q_1) + \varphi_f (p_1 - m_1) q_1 - \frac{u}{2}(m_1 - m_2)^2$$

跨国公司总利润由以下三部分决定：第一部分是来自向子公司及外国公司出售中间产品的利润，按本国税率承担税负；第二部分为子公司在外国市场取得的利润，按外国税率承担税负；第三部分为转移定价偏离真实成本带来的成本。根据一阶条件，可得跨国公司内部转移价格与外部交易价格分别为：

$$m_1 = \frac{\beta\alpha(2\beta+\gamma)}{|A|}\{2\beta\varphi_h(-\gamma^2+\beta\gamma+2\beta^2)[(4\beta^2-\gamma^2)\varphi_h+\varphi_f(2\gamma^2+\gamma\beta-4\beta^2)]+ (4\beta^2-\gamma^2)u[2(4\beta^2-\gamma^2)\varphi_h+2(\gamma^2-2\beta^2+\beta\gamma)\varphi_f]\}$$

$$m_2 = \frac{\beta\alpha(2\beta+\gamma)}{|A|}\{2\beta\varphi_h(-\gamma^2+\gamma\beta+2\beta^2)[(4\beta^2-\gamma^2)\varphi_h+\varphi_f(\gamma^2-2\beta^2)]+ \{(4\beta^2-\gamma^2)u[2(4\beta^2-\gamma^2)\varphi_h+2(\gamma^2-2\beta^2+\beta\gamma)\varphi_f]\}$$

其中，根据二阶条件，$|A| = 4\beta^2(\gamma^4-5\gamma^2\beta^2+4\beta^4)\varphi_h[(4\beta^2-\gamma^2)\varphi_h+(\gamma^2-2\beta^2)\varphi_f]-(4\beta^2-\gamma^2)u[4\beta(4\beta^2-\gamma^2)(\gamma^2-2\beta^2+\beta\gamma)\varphi_h+2\beta\varphi_f(\gamma^4+4\beta^4-3\beta^2\gamma^2+2\beta\gamma^3-4\beta^3\gamma)] > 0$。

根据以上分析可见：第一，当 $t_h = t_f$，$m_1 > 0$ 恒成立。这与数量竞争的情况不同，由于价格竞争条件下，两企业价格之间为战略性互补关系，跨国公司希望提高转移价格，从而使外国企业价格提高，跨国公司得到更多的利润。第二，如果外国税率高于本国税率 $t_f > t_h$，则 $m_1 > 0$，跨国公司选择高于成本的转移价格，把企业利润从高税率的外国转移到低税率的本国；如果外国税率低于本国税率 $t_f < t_h$，则 $m_1 < 0$，跨国公司选择低于成本的转移价格，把企业利润从高税率的本国转移到低税率的外国。当本国和外国的利润税率相同，即无利润转移动机时，转移价格等于其边际成本，为零。并且：

$$m_1 - m_2 < 0$$

无公平交易原则约束时，跨国公司总会选择比内部转移价格较高的外部交易价格，即 $m_1 < m_2$。这说明，跨国公司除了利润转移动机，还存在战略性竞争动机。正如前面所分析的，由于两企业之间是战略性替代关系，跨国公司可以通过向外国企业收取较高的价格而使其子公司获得竞争性优势。

在公平交易原则约束下，跨国公司只能选择相同的内部与外部转移价格，因此，在模型的第一阶段：

$$\max_{m_1,m_2} \pi_M = \varphi_h(mq_2+mq_1)+\varphi_f(p_1-m)q_1$$

根据一阶条件，可得转移价格为：

$$m = \frac{\alpha(2\beta+\gamma)[(4\beta^2-\gamma^2)\varphi_h+(\gamma^2+\beta\gamma-2\beta^2)\varphi_f]}{(-\gamma^2-\gamma\beta+2\beta^2)[2(4\beta^2-\gamma^2)\varphi_h+(\gamma^2+\gamma\beta-2\beta^2)\varphi_f]} > 0$$

通过数值模拟，见图 5.17、图 5.18、图 5.19、图 5.20，可以得到相同的结果：

公平交易原则提高跨国公司内部转移价格、降低外部交易价格，即 $m_1 < m^{AL} < m_2$；消费者剩余、外国税基以及社会福利在公平交易原则约束下，都会下降。

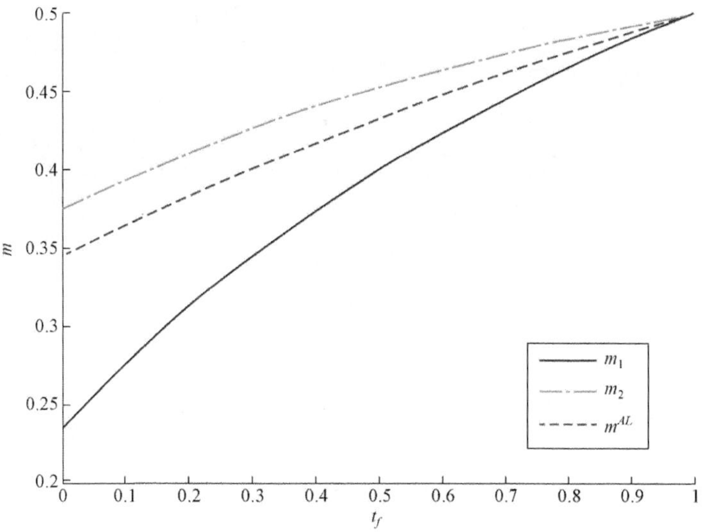

图 5.17　公平交易原则使内部转移价格提高、外部交易价格降低

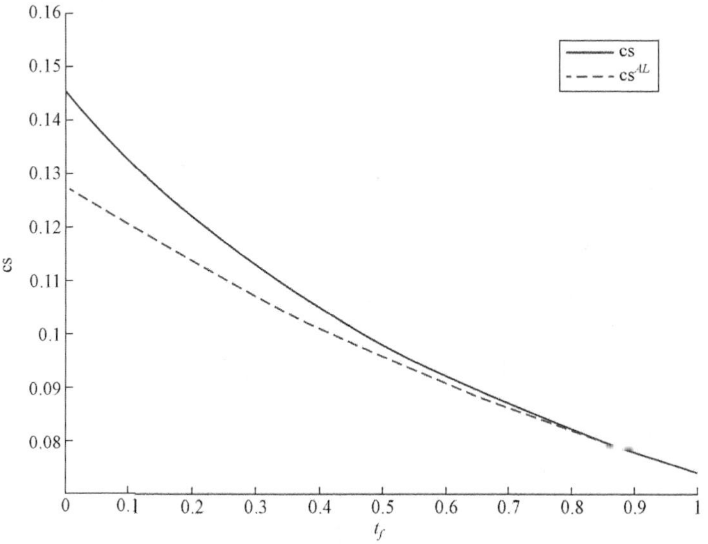

图 5.18　公平交易原则使消费者福利降低

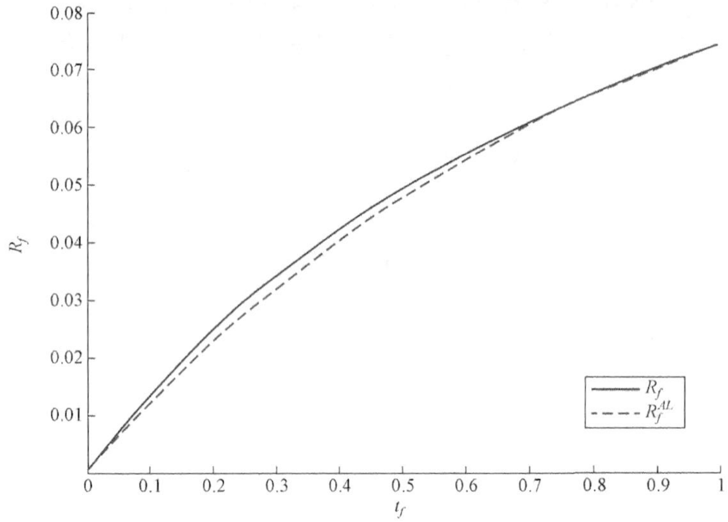

图 5.19　公平交易原则使政府税收降低

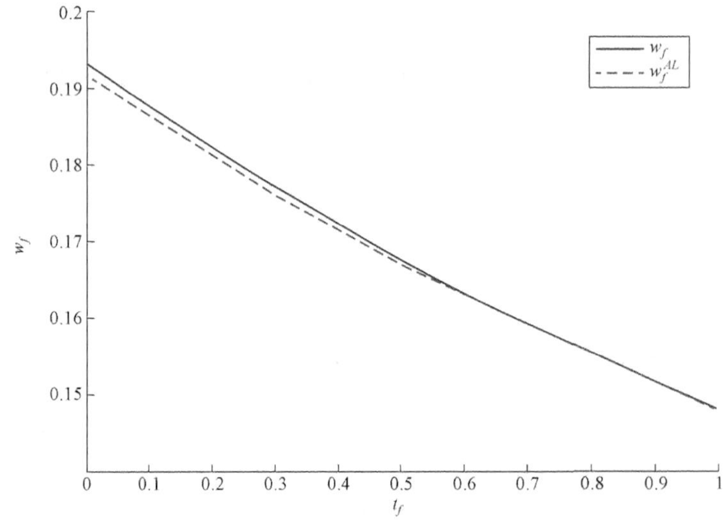

图 5.20　公平交易原则使社会福利降低

其次，考虑跨国公司可以关闭外国企业的情况。如果跨国公司选择关闭外国企业，那么，它将作为一个垄断厂商供应市场。因此，在外国市场上，跨国公司垄断价格为 $p_1=\dfrac{\alpha+\beta m_1}{2\beta}$ 。模型的第一阶段，跨国公司选择转移价格进行利润最大化：

$$\max_{m_1} \pi'_M = \varphi_h m_1 q_1 + \varphi_f (p_1 - m_1) q_1 - \frac{1}{2} m_1^2$$

可以得到跨国公司的转移价格为：

$$m_1 = \frac{\alpha(\varphi_h - \varphi_f)}{\beta(2\varphi_h - \varphi_f) + 2}$$

因此，如果 $\pi'_M > \pi_M$，那么，跨国公司会选择关闭外国企业，消费者福利下降，这与数量竞争情况相同，原因是寡头竞争市场总会比垄断市场对消费者更有利；当 $\pi'_M < \pi_M$ 时，跨国公司不会选择关闭外国企业，与不考虑跨国公司可以关闭外国企业情况的结论相同。针对跨国公司选择不关闭外国企业时的情况，通过数值模拟，我们发现结论依然成立。数值模拟结果参见附录 B。

5.3.4　结论

本节利用寡头竞争模型，分析了公平交易原则税基保护的有效性问题以及对消费者福利、企业利润的影响。模型中假定，跨国公司同时向其关联企业及竞争对手提供中间产品。在无公平交易原则约束时，跨国公司将选择最优的转移价格来同时实现其利润转移与战略性竞争动机。而在公平交易原则约束下，跨国公司必须选择相同的内部转移价格与外部交易价格。

通过计算分析，我们得到的结论是，公平交易原则使内部转移价格上升、外部交易价格下降，转移价格的战略性竞争作用也将消失；旨在保护税基的公平交易原则，可能反而为跨国公司创造更多的避税机会，使消费者福利降低，使税基及社会福利降低。模型中，对转移定价规则的理解，可以代表公平交易原则中最为常用的可比非受控价格法（CUP），某种意义上，也可以理解为成本加成法（CP）。

5.4　共谋效应

本文在第二章分析了共谋效应。共谋效应是指，当企业向其竞争对手购买一种重要的中间产品时，两企业可能会产生共谋以降低竞争，从而双方都获得更高的利润。实际上，在本节模型中，也存在共谋效应。具体来说，我们考虑这样一种情况：外国企业（即企业 2）也拥有生产中间产品的技术，边际成本与跨国公司成本相同，即在这里，如何验证共谋效应的存在？

分析思路如下：现在，外国企业能够以与跨国公司相同的成本生产中间产品，因此，如果外国企业宁愿以高于其生产成本的价格向跨国公司购买中间产品，就可以说明共谋效应的存在。实际上，Chen et al.（2004）就是按此思路对共谋效应进行分析的。根据 Chen et al.（2004），外国企业向跨国公司购买中间产品的情况，即内生化公平交易价格的模型，代表外国企业选择外包（Outsourcing）的方式获取中间产品。而本章中，外生化公平交易价格即代表外国企业不选择外包（Non-outsourcing）而是自己生产中间产品的情况。

根据我们前面分析的结论，当外国企业向跨国公司购买中间产品时，即在内生化公平交易价格的模型中，该外部交易价格，即恒成立。这实际上就说明了共谋效应的存在，即外国企业以高于其生产成本的价格向跨国公司购买中间产品，反而可以获得更高的利润（Chen et al.，2004）。将外国企业选择外包（即内生化公平交易价格的情况）的利润标记为π_2^O，自主生产中间产品（即外生化公平交易价格的情况）获得的利润记为π_2^{NO}。如果$\pi_2^O > \pi_2^{NO}$，则共谋效应存在。需要注意的是，$\pi_2^O < \pi_2^{NO}$并不能说明共谋效应不存在，只是可能共谋效应比较弱而战略性效应比较强。

现在，根据以上分析思路及计算结果，通过数值模拟验证共谋效应是否存在。同样，令$b=0.5$，令$t_h=0.3$，对外国企业利润做数值模拟并考虑数量竞争及价格竞争，以及有无公平交易原则约束的情况，得到图 5.21。

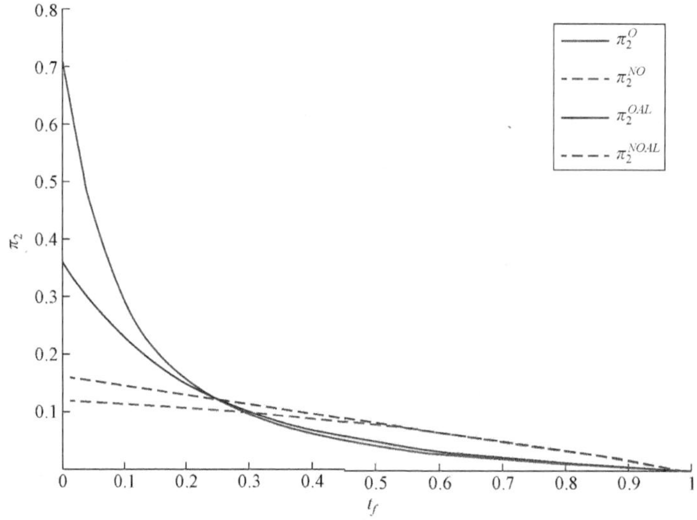

图 5.21　数量竞争的情况

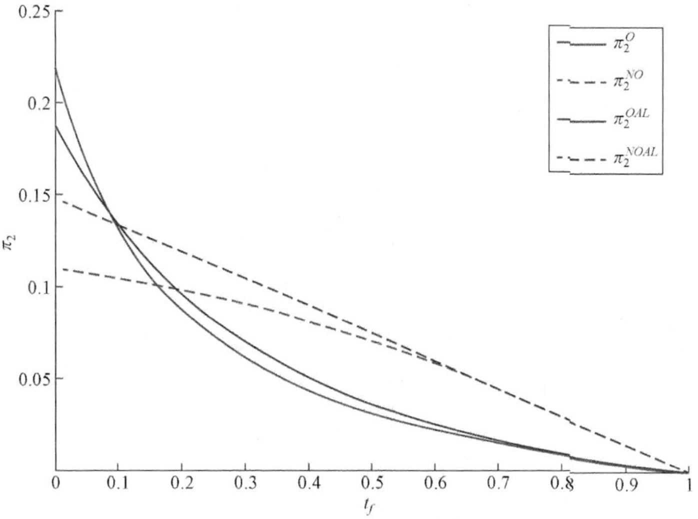

图 5.22　价格竞争的情况

根据图 5.22 可以发现，某些情况下，外国企业外包利润会高于非外包时的利润，即 $\pi_2^O > \pi_2^{NO}$ 成立，且该结论不依赖于竞争方式。因此，共谋效应的存在得以证明。

5.5 本章小结

本章分析了跨国公司海外投资进行利润转移以及公平交易原则效应。由于公平交易原则基于完全竞争假设，而现实世界中，大多数市场都是不完全竞争市场，因此，本章分析了不完全竞争市场中，公平交易原则对税基保护的有效性及其经济效应。首先，我们假设公平交易价格外生给定，发现公平交易原则反而可能使税基减小、社会福利降低；其次，我们将公平交易价格内生化进行分析，发现结论依然成立。

第 6 章

公式分摊法：更优的国际税基分摊机制？

6.1 引　言

关于跨国公司全球利润归属的计算，目前，国际主流的实施办法有独立交易法（Separate accounting）与公式分摊法（Formula apportionment）。前者是 OECD 正在使用的办法，而后者主要运用于美国、加拿大、瑞士等联邦制国家。独立交易法机制下，跨国公司根据每个关联企业的账面利润及针对企业内部转移价格的公平交易原则（The arm's length principle）来承担税负。其中，公平交易原则认为，跨国公司内部转移价格应该与完全竞争市场上非关联企业外部交易价格相等（Eden，1998）。

然而，公平交易原则不仅在理论上被证明其税基保护的效果有限，在实际操作中也并不易实施（赵晋琳，2009）。2011 年的欧洲委员会（European Commission，EC）意见认为，对于跨国公司利润分摊机制，欧盟应从当前使用的独立交易法改革为公式分摊法。[1]其基本原理是，先把跨国公司的全球利润进行整合统一，然后选择一些重要因素，如固定资产、销售量、雇佣劳动力等，并赋予这些因素以一定的权重，建立一套公式，根据公式把跨国公司的总利润分摊到地处各个不同国家或地区的跨国公司关联企业。这意味着，企业若在某“避税天堂”建立空壳公司用以避税的行为将不再可行，原因是，对没有实际生产活动的跨国公司关联企业，公式分摊法只能分配很少的甚至零利润。一般认为，公式分摊法在避免跨国公司利用转移定价进行利润转移方面，比独立交易法与公平交易原则更有效。

---

① European Commission, Proposal for a Directive on a Common Consolidated Corporate Tax Base (CCCTB), COM （2011）121/3, Brussels.

那么，公式分摊法确实要优于独立交易法吗？这正是本章要分析的问题。中国作为世界重要的经济体之一，也面临严重的跨国公司利润转移与避税问题。并且，随着中国企业“走出去”的深入实施，特别是“一带一路”建设的深入展开，我国与世界各经济体有着越来越密切的投资贸易关系。为全面、深入地参与经济全球化，我们对跨国公司利润转移及相关转移定价规则的理解显得尤为重要。本文为此提供了一个新的视角。

具体来说，本文考虑一个经典国际市场份额竞争的两国模型，即本国与外国，两国各有一家企业进行生产。在不完全竞争市场中，转移定价还可以使企业获得战略性竞争优势，通过转移定价，跨国公司可以同时实现其利润转移及战略性竞争目的，即通过制定较低的转移价格使子公司获得竞争优势，从而占领更大的市场份额。[①]

与本文相关的文献主要有两支。第一支是对比分析独立交易法与公式分摊法的文献。如 Ortmann & Pummerer（2015），分析了独立交易法与公式分摊法分别对跨国公司投资区位选择的影响。该文的结论是，两种方法对跨国公司的投资行为都存在扭曲，并且在某些情况下，公式分摊法比独立交易法对投资的扭曲更大，公式分摊法并不一定是更好的选择。Nielsen et al.（2003，2010）则分析了公式分摊法对控制跨国公司利润转移的有效性，认为相比于独立交易法，在垄断市场中，公式分摊机制确实有效地消除了转移定价的利润转移作用；但寡头竞争时，由于转移定价的战略性竞争作用，公式分摊机制反而可能为跨国公司提供更多的利润转移机会。另外，Kind et al.（2005）分析了两种利润分摊机制下，市场一体化对税率的影响，发现在独立交易法下，市场一体化会使一国税率降低，这与以往文献得到的解释一致；但在公式分摊法下，市场一体化会使一国税率提高。结论表明，公式分摊法的福利效应与市场的一体化程度是相关的。

第二支是对独立交易法与公平交易原则的效应分析。如 Behrens et al.（2014）利用垄断竞争模型，分析了公平交易原则对企业组织形式选择及生产效率的影响。该文中，跨国公司可以选择一体化，即在东道国设立子公司，或选择出口商的组织形式。结论是，公平交易原则会对企业生产效率及其组织形式选择造成扭曲，原因是，在不完全竞争市场中，作为基准的非关联企业外部交易价格

① 正如在产业组织理论中（Vickers, 1985）（Sklivas, 1987）（Fershtman & Judd, 1987），现代企业的战略性代理有利于竞争一样，跨国公司把产量（价格）决策权代理给子公司，也会得到战略性竞争优势（Schjelderup & Sorgard, 1997）。

由于利润加成，并不等于其边际成本，即外部交易价格是无效率的。Devereus & Keuschnigg（2013）则认为，除了利润转移，转移价格还可以起到影响关联企业资金流动性的作用，从而公平交易原则会对企业组织形式选择及其借贷能力产生双重扭曲，降低社会福利。这些文献都没有对比分析公式分摊法。

目前，国内关于跨国公司利润归属问题的文献，无论从理论角度还是从经验角度，都很匮乏。现有文献多是对两种制度的理论解读或从税法角度进行的分析，如较近的叶莉娜（2012，2014），分别对独立交易法及公式分摊法进行分析，介绍了两者的优缺点。本文则试图从经济学理论角度填补该领域的空白。

6.2　公式分摊法 VS 独立交易法：完全垄断市场

本部分，我们引用 Nielsen、Raimondos、Schjelderup（2010）的模型。考虑一个水平一体化的最终产品贸易模型。假设跨国公司拥有两家子公司，各自位于 A 国与 B 国。先考虑东道国不存在当地企业的情况，因此，跨国公司的两个子公司在每个东道国是唯一的生产者。子公司 A 负责生产、供应本国市场，且以转移价格 q 将产品出口至子公司 B 以供应 B 国市场。假设子公司 A 的生产成本函数为 $C(Q_A+Q_B)$，成本函数满足 $C'>0$，$C''>0$。Q_A 是子公司 A 在市场 A 的销售量，并且价格为 $P_A(Q_A)$，获得收益为 $R_A(Q_A)$。其中，$R''_A\leqslant 0$，$P'_A<0$。Q_B 是子公司 A 出口至子公司 B 的销售量，并且价格为 $P_B(Q_B)$，获得收益为 $P_B(Q_B)$。其中，$R''_B\leqslant 0$，$P'_B<0$。假设两市场是分割的，因此，跨国公司可以对两市场进行价格歧视。故跨国公司两个子公司的利润可分别表示为：

$$\pi_A=R_A(Q_A)-C(Q_A+Q_B)+qQ_B$$
$$\pi_B=R_B(Q_B)-qQ_B$$

从而，跨国公司全球税前利润为：

$$\pi^T=\pi_A+\pi_B=R_A(Q_A)+R_B(Q_B)-C(Q_A+Q_B)$$

以上公式即反应了整个模型。接下来，分别分析跨国公司在独立交易法与公式分摊法情况下的转移定价动机。

6.2.1　公式分摊法

在公式分摊法机制下，全球利润根据跨国公司在每个国家的实际运营情况，按比例进行分摊。一般来说，跨国公司在国家 i 的税负为：

$$T_i = t_i \left[\alpha_K \left(\frac{K_i}{K} \right) + \alpha_S \left(\frac{Q_i}{Q} \right) + \alpha_P \left(\frac{P_i}{P} \right) \right] \pi^T$$

其中，t_i 为国家 i 的税率，α_i 为分摊公式中给予要素 i 的权重（$\sum \alpha_i = 1$），$\frac{K_i}{K}$ 为跨国公司在国家 i 的资产占比 $\left(\sum \frac{K_i}{K} = 1 \right)$，$\frac{Q_i}{Q}$ 为跨国公司在国家 i 的销售量占比 $\left(\sum \frac{Q_i}{Q} = 1 \right)$，$\frac{P_i}{P}$ 为跨国公司在国家 i 的（工资）支出占比 $\left(\sum \frac{P_i}{P} = 1 \right)$，$\pi^T = \pi_A + \pi_B$ 为跨国公司总利润。

通过以上公式可以看到，跨国公司在国家 i 的利润，是根据相对资本、相对销售量以及（工资）支出为权重，按比例计算得到的。为简化分析，但不失一般性的前提下，参照 Nielsen et al.（2003）、Kind et al.（2005）、Eichner & Runkel（2008）等文献，假设 $\alpha_K = \alpha_P = 0$，也就是说，公式中只考虑销售量。另外，假设两国之间的税基是相同的，也就是说，$\pi^T = \pi_i^T = \pi_j^T$，$i \neq j$。该假设可以消除转移定价的其他比较常见的可能动机。根据以上假设，跨国公司在国家 i 的税负为：

$$T_i = t_i \left(\frac{Q_i}{Q} \right) \pi^T, \quad i = A, B$$

因此，在公式分摊机制下，跨国公司全球税后总利润为：

$$\begin{aligned} \pi^{FA} &= \pi^T - t_A \left(\frac{Q_A}{Q} \right) \pi^T - t_B \left(\frac{Q_B}{Q} \right) \pi^T \\ &= \theta \pi^T \end{aligned}$$

其中，$\theta = \frac{Q_A(1-t_A) + Q_B(1-t_B)}{Q} = 1 - t$。$t$ 可以视为对跨国公司全球利润的平均总税率。可见，即使跨国公司可以通过付出一些成本获得操纵转移定价的机会，但转移定价对跨国公司的全球利润并没有本质的影响，即：

$$\frac{\partial \pi^{FA}}{\partial q} = 0$$

这意味着，当子公司在当地市场是垄断厂商时，公式分摊法下的转移定价并不能影响跨国公司全球税后总利润，原因是转移定价不能影响两国市场的销售决策。需要注意的是，公式分摊法当然会影响跨国公司在两国市场的销量，但该影响通过计算平均税率发挥作用而不是通过转移定价。因此，我们确实可以印证以往大家认为的“公式分摊法可以消除跨国公司的利润转移动机”。

6.2.2　独立交易法

在独立交易法下，利润按照其来源地所得税率征税。尽管在该税基分摊机制下，跨国公司可以通过一些途径避税，但各国之间签订了一系列协议，根据利润来源地征税的独立交易法可以有效率运转（Keen，1993；Tanzi & Bovenberg，1990）。在这种税制下，跨国公司全球税后利润为：

$$\pi^{SA}=(1-t_A)\pi^A+(1-t_B)\pi^B$$

根据第 4 和第 5 章分析结果，该机制下，跨国公司通过操纵转移价格可以实现利润转移，从而进行跨境避税。实际上，跨国公司根据以下条件设定转移价格：

$$\frac{\partial\pi^{FA}}{\partial q}=S_B(t_B-t_A)$$

我们可以清楚地看到，如果$t_B>t_A$，并且跨国公司不受公平交易原则的约束，那么，跨国公司将选择足够高的转移价格，从而将 B 国的利润全部转移至税率较低的 A 国。而如果$t_B<t_A$，跨国公司将选择足够低的转移价格将 A 国的所有利润转移至 B 国。

现实中，跨国公司受公平交易原则的约束，并不能自由选择转移价格。尽管这些规定不能完全消除利润转移，但至少可以避免本文以上提到的两种极端情况。在此，我们应重点注意的是，在独立交易法下，跨国公司有低报（Underinvoice）或高报（Overinvoice）的动机。因此，在现实中，除非公平交易原则可以完全有效率地实施，跨国公司的利润转移行为依然存在。而正如本文将在下一节分析的，这并不容易。

总之，根据以上分析可以表明，在完全垄断模型中，以公式分摊机制代替独立交易机制确实能够消除跨国公司进行利润转移的动机。

需要注意的是，在以上模型中，公式分摊机制之所以能够完全消除跨国公司的利润转移动机，需要依赖一些非常严格的假定。首先，各国税基之间的统一协调即是一个非常困难的任务。其次，跨国公司在市场中保持垄断地位也是不太现实的假定。因此，接下来，本文将对寡头垄断竞争模型进行分析。

6.3 寡头竞争市场中的转移定价

现在，假定跨国公司在 B 国存在一家当地竞争对手，并且假设企业之间进行数量竞争。因此，竞争者选择最优产量 S_B^*，从而跨国公司在 B 国的关联公司收入为 $R_B(S_B,S_B^*)$。其中，$\frac{\partial^2 R_B}{\partial S_B^2}\leqslant 0$，$\frac{\partial R_B}{\partial S_B^*}<0$（跨国公司与 B 国当地企业生产差异可替代产品）。跨国公司税前利润为：

$$\pi^T=\pi_A+\pi_B$$

其中，跨国公司在 B 国关联企业利润是：

$$\pi_B=R_B(S_B,S_B^*)-qS_B$$

π_A 与垄断情况一致。由于此时转移定价不仅有利润转移作用，还有战略性效应，因此，在分析跨国公司如何选择最优转移价格前，首先分析跨国公司在没有税负情况下，如何选择转移价格。

以跨国公司为集权形式为例，跨国公司选择最优转移价格时，不仅要考虑其利润转移目的，还要考虑转移定价对市场 B 带来的竞争效应。模型进展如下：跨国公司总部先选择最优转移价格 q；然后，跨国公司在 A 国、B 国的关联企业将转移价格视为给定，选择最优产量。因此，$S_i=S_i(q)$，$S_B^*=S_B^*(q)$。其中，$i=A,B$。根据逆推法，跨国公司根据一阶条件选择最优产量：

$$\frac{\partial \pi_A}{\partial S_A}=R_A'-C'=0,\frac{\partial \pi_B}{\partial S_B}=\frac{\partial R_B(S_B,S_B^*)}{\partial S_B}-q=0 \tag{6.1}$$

接下来，跨国公司总部选择最优转移价格以最大化全球利润，一阶条件为：

$$\frac{\partial \pi^{FA}}{\partial q}=$$
$$\left[(R_A'-C')\frac{\partial S_A}{\partial S_B}\frac{\partial S_B}{\partial q}-C'\frac{\partial S_B}{\partial q}+q\frac{\partial S_B}{\partial q}\frac{\partial R_B(S_B,S_B^*)}{\partial S_B^*}\frac{\partial S_B^*}{\partial S_B}\frac{\partial S_B}{\partial q}+\left(\frac{\partial R_B(S_B,S_B^*)}{\partial S_B}-q\right)\frac{\partial S_B}{\partial q}\right]=0 \tag{6.2}$$

其中，$\frac{\partial S_B^*}{\partial q}=\frac{\partial S_B^*}{\partial S_B}\frac{\partial S_B}{\partial q}$。根据式（6.1）与式（6.2）可得：

$$q-C'=\frac{\partial R_B(S_B,S_B^*)}{\partial S_B^*}\frac{\partial S_B^*}{\partial S_B}\equiv\sigma<0 \tag{6.3}$$

从式（6.3）也可看到转移价格的战略性效应，即选择低于成本的转移价格，使关联企业在与当地企业竞争时获得一种竞争优势。下面，分别分析独立交易机制与公式分摊机制如何影响跨国公司转移价格的制定。

6.3.1　公式分摊法

在公式分摊法下，跨国公司全球税后利润为：

$$\pi^{FA}=(\pi^{A}+\pi^{B})\theta=\pi^{T}(1-t)$$

对转移价格的一阶条件是：

$$\frac{\partial\pi^{FA}}{\partial q}=\left[(R_A'-C')\frac{\partial S_A}{\partial S_B}\frac{\partial S_B}{\partial q}-C'\frac{\partial S_B}{\partial q}+q\frac{\partial S_B}{\partial q}\frac{\partial R_B(S_B,S_B^*)}{\partial S_B^*}\frac{\partial S_B^*}{\partial S_B}\frac{\partial S_B}{\partial q}+\left(\frac{\partial R_B(S_B,S_B^*)}{\partial S_B}-q\right)\frac{\partial S_B}{\partial q}\right]$$

$$\theta+\pi^{T}\frac{\frac{\partial S_B}{\partial q}(t_B-t_A)\left(\frac{\partial S_A}{\partial S_B}S_B-S_A\right)}{S^2}=0$$

将式（6.1）代入其中，重新整理得到：

$$q_{FA}-C'=\sigma-\left[\left(\frac{\pi^{T}}{\theta S^2}\right)(t_B-t_A)\left(\frac{\partial S_A}{\partial S_B}S_B-S_A\right)\right]\qquad(6.4)$$

其中，q_{FA}是公式分摊法下，跨国公司选择的转移价格。可以看到，最优转移价格的选择取决于两种效应。第一个效应是战略性效应σ，这促使跨国公司选择低于边际成本的转移价格。第二个效应是利润转移动机，这取决于两国税率的关系。如当$t_B>t_A$时，较高的转移价格会降低关联企业在B国的需求量S_B、增加其在A国的需求量S_A，从而平均税率中的t_B权重将降低，跨国公司的平均税率整体降低。可见，在公式分摊法下，除了利润转移，跨国公司还有另外的动机促使其选择偏离真实成本的转移价格。

因此，在寡头竞争市场中，公式分摊法并不能够消除跨国公司制定偏离真实成本的转移定价的动机。当然，这并不意味着独立交易法比公式分摊法更优，因此，接下来将分析独立交易法下，跨国公司如何选择最优的转移价格。

6.3.2　独立交易法

在独立交易法下，跨国公司将把产量决策代理给当地的关联企业。因此，跨国公司关联企业选择最优产量时的一阶条件，在独立交易法与公式分摊法下相同，即式（6.1）。在模型的第一阶段，跨国公司选择最优转移价格以最大化利润：

$$\pi^{SA}=(1-t_A)\pi^A+(1-t_B)\pi^B$$

对转移价格 q 求导，一阶条件为：

$$\frac{\partial\pi^{SA}}{\partial q}=(1-t_A)\left[(R_A'-C')\frac{\partial S_A}{\partial S_B}\frac{\partial S_B}{\partial q}-C'\frac{\partial S_B}{\partial q}+q\frac{\partial S_B}{\partial q}\right]+(1-t_B)$$
$$\left[\frac{\partial R_B(S_B,S_B^*)}{\partial S_B^*}\frac{\partial S_B^*}{\partial S_B}\frac{\partial S_B}{\partial q}+\left(\frac{\partial R_B(S_B,S_B^*)}{\partial S_B}-q\right)\frac{\partial S_B}{\partial q}-S_B\right]=0$$

结合式（6.1），重新整理可得：

$$q_{SA}-C'=\sigma^{SA}-\frac{(t_B-t_A)}{(1-t_A)}\frac{S_B}{\left(\dfrac{\partial S_B}{\partial q}\right)} \tag{6.5}$$

其中，$\sigma^{SA}=\sigma\dfrac{(1-t_B)}{(1-t_A)}<0$。与公式分摊法相同，跨国公司的转移价格受两个因素影响，第一个是战略性动机，第二个是利润转移动机。

对比式（6.4）与式（6.5）可以发现，仅当 $t_B=t_A$ 时，公式分摊法与独立交易法下的转移价格相等。两式相减，$q_{FA}-q_{SA}<0$ 成立当且仅当：

$$\sigma\frac{(t_B-t_A)}{(1-t_A)}+(t_A-t_B)\left[\left(\frac{\pi^T}{\theta S^2}\right)\left(\frac{\partial S_A}{\partial S_B}S_B-S_A\right)-\frac{S_B}{(1-t_A)\left(\dfrac{\partial S_B}{\partial q}\right)}\right]<0$$

其中，第一项为两种机制下战略性效应的差异，即 $\sigma-\sigma^{SA}$，第二项则是两种机制下利润转移动机的差异。通过以上分析可以看到，在寡头垄断竞争中，无论是独立交易法还是公式分摊法，都无法完全消除跨国公司操纵转移价格的动机。至于转移价格偏离边际成本的幅度在哪种机制下更大，请参见原文Nielsen、Raimondos、Schjelderup（2010）。在这里，本文直接展示原文的结论：在寡头垄断竞争中，相比独立交易法，公式分摊法可能促使跨国公司选择偏离边际成本更大幅度的转移价格。

原文采用一般函数形式进行分析，由于可计算性较低，故其并没有进一步分析两种税基分摊机制下的社会福利问题。接下来，本文将对独立交易法与公式分摊法下的福利效应进行分析。

6.4　公式分摊法 VS 独立交易法：一个福利分析

考虑一个经典国际市场份额竞争的两国模型，即本国与外国，其税率分别为 t_A 与 t_B。两国各有一家企业：本国跨国公司供应本国市场，并且在外国设立子公司供应外国市场；外国公司只供应外国市场。

跨国公司在外国设立子公司，还可以获得转移定价的机会，以实现利润转移与战略性竞争动机，从而模型进展分为两个阶段：第一阶段，跨国公司选择转移价格 m，最大化总利润；第二阶段，跨国公司进行生产，与外国企业在外国市场进行竞争。假设两国的市场需求函数都为 $p=1-q$，并且，两企业都能以相同边际成本生产无差别产品，在不影响结论的前提下，假设企业边际成本 $c=0$。

对两种跨国公司利润分摊机制，记跨国公司在两国的利润分别为 π_A 与 π_B。在独立交易法下，跨国公司根据子公司账面利润以其所在国税率承担税负，并且，转移价格对边际成本的偏离会产生成本 $\frac{\gamma}{2}m^2$，如聘请律师、会计以应对税务部门的审查等费用。偏离真实成本越多，成本越高。这里的 γ 可以理解为一国对转移定价管制的严格程度。γ 越大，代表管制越严格。为突出重点，在以下分析里，我们假设 $\gamma=1$。因此，跨国公司的税后利润为：

$$\pi=(1-t_A)\pi_A+(1-t_B)\pi_B-\frac{1}{2}m^2$$

我们先分析跨国公司分别在两国获得的利润。根据倒推法，我们从第二阶段开始计算。在此阶段，跨国公司选择本国的产量，并且子公司与外国企业进行竞争，在给定转移价格 m 的情况下，选择 q_A、q_B 以最大化利润：

$$\max_{q_A}\pi_A=(1-q_A)q_A+mq_B$$

$$\max_{q_B}\pi_B=(1-q_B-q_B^*-m)q_B$$

其中，q_B^* 为外国企业产量。由一阶最优条件可得子公司反应函数为：

$$q_{\mathrm{B}}=\frac{1-m-q_B^*}{2}$$

外国企业目标为：

$$\max_{q_B^*} \pi_B = (1 - q_B - q_B^*) q_B^*$$

由一阶最优条件可得外国企业的反应函数为：

$$q_B^* = \frac{1 - q_B}{2}$$

可以发现，跨国公司与外国企业产量之间是战略性替代关系，双方都希望向外移动自己的反应曲线，从而增加己方产量、降低对方产量以增加利润。并且，跨国公司可以通过转移价格来操纵其反应曲线。转移价格只影响跨国公司的反应曲线。如果转移价格为负，则反应曲线向外移动，跨国公司产量增加；如果转移价格为正，则反应曲线向内移动，跨国公司产量减少。计算可得跨国公司在两国的利润分别为：

$$\pi_A = \frac{1}{4} + \frac{m(1-2m)}{3}$$

$$\pi_B = \frac{(1-2m)^2}{9}$$

由于模型的第二阶段未涉及利润归属的计算，因此，该阶段也不受利润分摊机制的影响。不同的是第一阶段，在此阶段，跨国公司将选择最优的转移价格以最大化税后总利润。下面，我们对独立交易法与公式分摊法分别进行分析。

6.4.1 独立交易法

在独立交易法下，跨国公司按照利润所在国税率承担税负。因此，跨国公司的税后总利润为：

$$\pi^S = (1-t_A)\pi_A + (1-t_B)\pi_B - \frac{1}{2}m^2$$

退回第一阶段，跨国公司选择 m 以最大化利润 π^S：

$$\max_m \pi^S = (1-t_A)\left[\frac{1}{4} + \frac{m(1-2m)}{3}\right] + \frac{(1-t_B)(1-2m)^2}{9} - \frac{1}{2}m^2$$

根据一阶条件，计算得到：

$$m = \frac{4t_B - 3t_A - 1}{13 + 8t_B - 12t_A}$$

可以发现，当本国税率较低，即 $t_A < \frac{4t_B - 1}{3}$ 时，则 $m > 0$，跨国公司选择高于其成本的转移价格，把企业利润从高税率的外国转移到低税率的本国；如果本国税率较高，即 $t_A > \frac{4t_B - 1}{3}$，则 $m < 0$，跨国公司选择低于成本的转移价格，把企业利润从高税率的本国转移到低税率的外国。并且除了利润转移，转移价格还起到战略性作用，即跨国公司总希望选择较低的转移价格，从而使其子公司获得竞争优势、占领更大的市场份额。这表现在，当 $t_A = t_B$，即无利润转移动机时，$m = -\frac{1}{4}$ 为负，而不是等于其边际成本为零。

6.4.2　公式分摊法

现在，我们分析公式分摊法下的市场均衡。根据前面的分析，此时，跨国公司的税后总利润为：

$$\pi^F = \pi^T - t_A \cdot \frac{q_A}{q} \cdot \pi^T - t_B \cdot \frac{q_B}{q} \cdot \pi^T$$

也可以表示为：

$$\pi^F = (1-t)\pi^T$$

其中，$t = 1 - \frac{t_A q_A + t_B q_B}{q}$，代表跨国公司的实际税率。以及：

$$\pi^T = \pi_A + \pi_B = \frac{1}{4} + \frac{m(1-2m)}{3} + \frac{(1-2m)^2}{9}$$

跨国公司选择 m 以最大化利润 π^F，即：

$$\max_m \pi^F = \left[\frac{1}{4} + \frac{m(1-2m)}{3} + \frac{(1-2m)^2}{9}\right] \cdot \frac{5-4m-3t_A-2(1-2m)t_B}{5-4m}$$

可以得到，最优转移价格由以下一阶条件决定：①

$$-(4+16m)(5-4m)[5-4m-3t_A-2(1-2m)t_B] + 12(13-4m-8m^2)(t_B - t_A) = 0$$

我们把该情况下，最优转移价格表示为 $m = m(t_A, t_B)$。

$$\frac{\mathrm{d}m}{\mathrm{d}t_A} = -\frac{\frac{\partial f}{\partial t_A}}{\frac{\partial f}{\partial m}} = \frac{2m^2 - 5m + 2}{(5-4m)[4m(1-t_B) - (1-t_A)]}$$

为了更清晰地看到转移价格在两种利润分摊机制下的变化，我们令 $t_A = 0.3$，以 t_B 为横轴，以转移价格为纵轴，做数值模拟，得到图 6.1。

① 在这里，我们未能求出解析解，但这不影响接下来的分析。

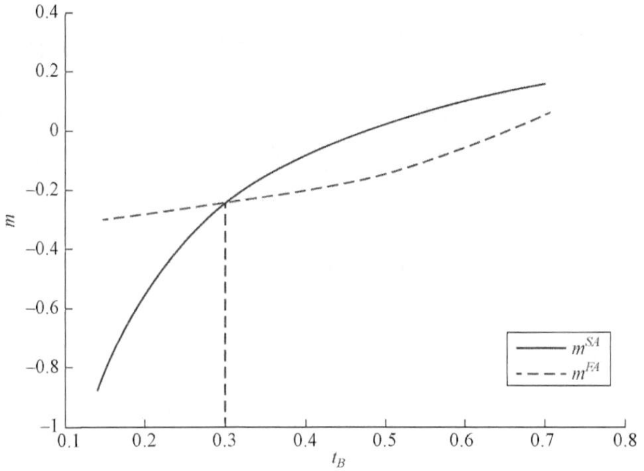

图 6.1　SA（独立交易法）与 FA（公式分摊法）下的转移价格

可以看到，相比于独立交易法，当 $t_B > t_A$ 时，公式分摊法下的转移价格更低；当 $t_B < t_A$ 时，公式分摊法下的转移价格更高。背后的原因之一是转移价格的战略性效应。例如，当 $t_B > t_A$ 时，公式分摊法下的战略性效应更强，这体现在此时，转移价格偏离真实成本的幅度更大。这与 Nielsen、Raimondos、Schjelderup（2010）的结论一致。

接下来，我们看独立交易法与公式分摊法下社会福利的变化。在这里，社会福利定义为消费者剩余、企业利润以及政府税收的总和。

定义 6.1：社会福利包括消费者剩余、企业利润以及政府税收，即 $W = CS + \pi + R$。

如果是独立交易法，$R_d^{SA} = t_A \pi_A$，那么：

$$W_d^{SA} = CS + (1 - t_A)\pi_A + \pi_A$$

如果是公式分摊法，$R_d^{FA} = \dfrac{t_A q_A \pi^T}{q_A + q_B}$，那么：

$$W_d^{FA} = CS + \pi_A - \frac{t_A q_A \pi^T}{q_A + q_B} + \frac{t_A q_A \pi^T}{q_A + q_B}$$

由于其税收来自跨国公司利润，因此，其社会福利为：

$$W_d = CS + \pi_A$$

其中，$CS = \dfrac{1}{2}(1 - p_A)q_A = \dfrac{1}{2}q_A^2$。对于外国，其社会福利：

$$W_f = CS + (1 - t_f)\pi_B^* + R_f$$

其中，消费者剩余为$CS=\frac{1}{2}(1-p)q=\frac{1}{2}q^2$，$\pi_B^*$为外国企业的税前利润。对于政府税收，在独立交易法下，$R_f^{SA}=t_B(\pi_B+\pi_B^*)$；如果是公式分摊法，那么$R_f^{FA}=t_B\pi_B^*+\frac{t_Bq_B\pi^T}{q_A+q_B}$。令$t_A=0.3$，以$t_B$为横轴，以社会福利为纵轴对两种机制下外国社会福利做数值模拟，得到图 6.2。从图 6.1、图 6.3 可以看到，公式分摊法下的社会福利并不必然高于独立交易法下的社会福利。

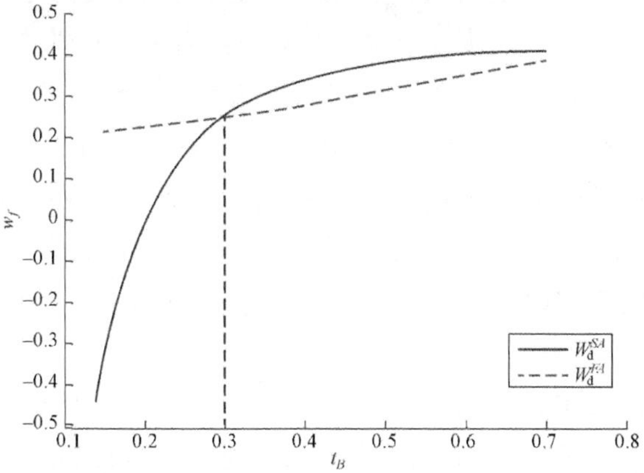

图 6.2　在公式分摊法下，本国社会福利有可能降低

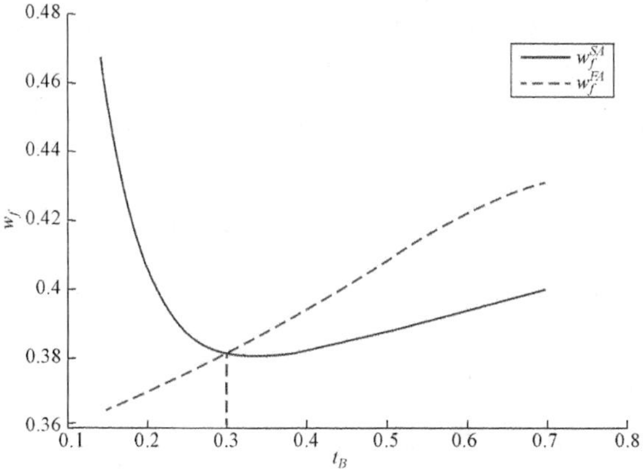

图 6.3　在公式分摊法下，外国社会福利有可能降低

6.4.3　结论

本节发现，将独立交易法替换为公式分摊法，并不一定能够控制跨国公司的利润转移与税基侵蚀，并且可能导致社会福利下降。原因是，在不完全竞争市场中，转移价格还存在战略性竞争作用。

6.5 CCCTB 提案与 BEPS 行动计划

6.5.1 引言

独立交易法作为现阶段跨国公司税基划分的主流实施办法，随着电子商务以及数字经济的快速发展，无论在理论上还是实践中，都面临越来越严峻的挑战。对此，OECD 和欧盟分别推出 BEPS（Base Erosion and Profit Shifting，税基侵蚀和利润转移）行动计划及 CCCTB（Common Consolidated Corporate Tax Base，共同统一公司税基）提案，以应对新形势下，国际社会面临的问题。本文通过总结分析 OECD 与欧盟的应对方案，深入了解其最新进展，希望为我国积极参与国际税收新规则的制定和国内国际税制的优化升级提供有价值的借鉴与政策启示。

跨国公司全球利润分摊及税基划分问题，一直受到国际社会的广泛关注。目前，国际上主流的税收机制有两种：独立交易法与公式分摊法。独立交易法假设跨国公司各关联企业之间是独立的，其税负根据各自的账面利润及针对公司内部转移价格的公平交易原则来确定。公式分摊法的基本思想是把跨国公司的全球利润看作一个整体，然后使用某个既定公式将总利润进行分摊，各关联企业根据其得到的利润及所处国家或地区的税率来承担税负。

独立交易法主要运用于欧盟地区，也是现阶段国际税收领域中应用最为广泛的方法，联合国与 OECD 均主张采用该方法。独立交易法的实施基础是找到可比对象，据此确定公平交易价格，然后，政府根据跨国公司的账面利润及公平交易价格进行征税。实践证明，独立交易法与公平交易原则在存在可比交易的情况下，能有效地发挥作用。然而，随着经济全球化的深入发展，独立交易法在实际运行中，面临越来越多的挑战。

独立交易法的核心在于先找到符合条件的可比交易，再根据外部市场交易价格来确定公平交易价格。但实际上，可比较交易在现实中很难找到，跨国公司的大量内部交易不仅是为了进行利润转移，更多情况下是出于内部分工或战略性经营的目的，在集团之外很难找到类似的交易。

另外，无形资产转移定价及其税基划分问题带来的挑战也愈发凸显（Michelle & Maekham，2005；张泽平，2015；张泽平和叶莉娜，2016）。大量无形资产仅属于某一个集团且不在市场上进行交易，或一旦脱离企业，其价值大大降低。这种独特性使无形资产交易只在集团内部进行，市场上几乎找不到可比较的非关联交易，独立交易法很难发挥作用。因此，跨国公司经常可以通过操纵无形资产进行利润转移，从而达到跨境避税的目的。如前文提到的苹果案例。

我国现在也面临严重的跨国公司利润转移问题。一方面，改革开放以来的招商引资政策，使我国积累了大量的外资；另一方面，随着中国企业“走出去”的深入实施，尤其是“一带一路”建设的开展，我国对外投资量也迅猛发展。因此，充分了解目前国际税收领域的最新发展，深入研究各项计划成果，对完善我国国际税收制度，从而阻止我国利润向境外（特别是避税地）转移，并对我国资本境外利润取得应得的税收，有着重要的启示意义。

6.5.2　欧盟之 CCCTB 提案

随着独立交易法所面临问题的日益严峻，公式分摊法的优势逐渐凸显出来。在此背景下，欧盟 CCCTB 提案的推出引起了国际社会的密切关注。欧盟认为，成员之间税制的差异性促使各国争相降低企业税率以吸引外商投资，导致恶性税收竞争。因此，早在 2011 年，欧委会就出台了 CCCTB 提案，即统一企业税基、合并跨国公司利润、逐步适用公式分摊法“三步”改革方案。但由于爱尔兰为代表的低税率国家坚持“捍卫”本国利益，CCCTB 提案被搁置数年。

近年来，亚马逊、星巴克以及苹果等跨国公司通过与欧盟部分成员签署特殊税务安排协议从而进行避税的问题日益严重，较高税率国家的税基受到严重侵蚀。因此，2016 年 10 月，欧委会再次提出统一合并欧盟范围内企业所得税的税基之建议，希望以此来应对资本向避税地（如爱尔兰和卢森堡等）流失的问题。新提案旨在重新建立税收与经济活动发生地之间的联系，确保成员能够在其管辖权内正确评估企业所得价值，以创造一个有竞争力和增长力的友好型企业税收环境。

CCCTB 提案是公式分摊法得以在全球范围内实行的重要一步，对目前国际税收领域产生了重要且深远的影响。公式分摊法最初是美国各州之间税基划分所使用的方法，后逐渐应用到跨国公司的全球利润分摊中。近年来，加拿大、德国和瑞士等其他联邦制国家也开始使用。在公式分配法下，先将跨国公司全球利润看作一个整体，然后选择资产、销售量以及价格等指标并赋予它们一定的权重，从而建立一套公式，把跨国公司总利润根据该公式分配给各个关联企业。该机制下，跨国公司全球利润根据关联企业所在国家或地区的实际运营情况按比例进行分摊。相比于独立交易法，公式分摊法的优势如下。

第一，公式分摊法以资产规模、销售额等客观要素作为划分税基的基础，将跨国公司总利润看作一个整体，然后根据特定的公式进行划分，不依赖于可比交易，解决了独立交易法的根本难题，也简化了税务征管工作，降低了实施成本。

第二，公式分摊法可以更有效地解决无形资产转移定价问题。无形资产的生产需要一定的有形资产，如厂商、设备和劳动做支撑。因此，根据工资、资产等客观要素来衡量无形资产的价值，解决了无形资产价值难以衡量的问题，也避免了寻找可比交易的难题，有利于加强反避税的实施效果。

第三，公式分摊法按照某个特定标准进行税基划分，有利于平衡发达国家和发展中国家的税收利益。独立交易法认为，无形资产税收的收益应属于对其拥有法律所有权的国家。而当今，绝大部分的无形资产都属于发达国家。公式分摊法则认为，跨国公司的生产收益包括来自无形资产的收益，同样应该分配给生产国或销售国，使弱小国家也有分得一定收益份额的机会，从而平衡了国家间的利益。

CCCTB 计划与美国公式分摊法使用的具体计算公式虽然有一定的差异，但没有本质的区别。由于 OECD 大部分成员都来自欧盟，因此，CCCTB 提案作为欧盟实施公式分摊法的第一步，其推出不仅代表了欧盟对公式分摊法的认可，还可能影响整个国际社会对税收政策的态度。因此，我们应该随时关注相关领域的最新动态，为应对各种改变与挑战做好充分的准备。

6.5.3 OECD 之 BEPS 行动计划

欧盟在讨论是否以公式分摊法替代独立交易法，OECD 仍然坚持使用独立交易法。OECD 认为，在大多数情况下，独立交易法仍然能够比较有效地处理跨国公司税基划分问题；如果贸然以其他税制，如公式分摊法代替，国际社会首先需要在很多问题上达成共识，而这在中短期内难以完成。并且公式分摊法也有缺陷，其并不能确保在实施过程中将价值与利润归属地真正地匹配起来。因此，现行的独立交易法体系依然是有效的，改革应该在现有的独立交易法框架内进行。

2013 年，二十国集团（G20）委托 OECD 联合 60 多个国家开展 BEPS 项目，以打击跨国公司跨境避税行为，共同建立有利于全球经济增长的国际税收规则体系和行政合作机制。2015 年 10 月，该项目涉及的 15 项研究成果报告和 1 份解释性声明对全球发布。

此次 BEPS 行动计划的 15 项报告，根据其内容性质可分为 5 项内容①：第一，应对数字经济带来的挑战；第二，协调各国企业所得税制，包括混合错配、受控外国公司规则、利息扣除、防止有害税收竞争等；第三，重塑现行税收协定和转让定价国际规则，包括防止税收协定滥用、常设机构、无形资产、风险和资本以及其他高风险交易；第四，提高税收透明度和确定性，包括数据统计分析、强制披露原则、转让定价同期资料、争端解决等；第五，开发多边工具，促进行动计划实施。

该报告按照计划实施要求则可分为三大类："最低标准""最佳实践"和"共同方法"。其中，"最低标准"类包括防止税收协定滥用、防止有害税收实践、转让定价国别报告和争端解决 4 项。这些计划标准约束性最强，需要 G20 各国监督执行，并同意对实施情况进行监控。"最佳实践"类包括数字经济、混合错配安排、受控外国公司规则、利息扣除与强制披露原则 5 项。这些计划约束性要弱于"最低标准"类，对各国推荐执行。"共同方法"类包括常设机构、无形资产、风险和资本以及其他高风险交易 4 项。这些计划作为未来可能发展为最低标准的规则，目前还没有统一的监督执行标准。还有一些计划作为辅助工具并没有被明确地归为某一类，包括数据统计分析及多边工具等。

其中，涉及转移定价规则的第 8 至 10 项行动计划，旨在修订和完善现行的转让定价规则，防止跨国公司利用转移定价，人为造成应纳税利润"消失"或将利润转移到没有或几乎没有实质性经营活动的低税率国家（地区），从而达到跨境避税的目的，以确保转让定价结果与价值创造一致。报告指出，相比法律所有权，无形资产的经济所有权在判断和分摊无形资产收益时更加重要，即无形资产收益分摊应更加重视关联企业之间执行的具体功能及从事的实际交易活动，根据无形资产作出的实际生产贡献来确认收益划分，根据经济行为的发生地来进行利润分摊，而不应仅依靠法律所有权。

① 资料来源：国家税务总局发布的 OECD/G20 税基侵蚀和利润转移项目 2015 年最终报告。

从BEPS成果报告可知，税收要与实际经济活动相匹配，是本次行动计划的总指导原则，国际税收合作代替竞争是新的发展方向（刘奇超和曹明星，2017；马伟、刘茵莹和黄宗寅，2017）。虽然这些计划并没有法律上的约束力，但政治层面的承诺及其他国家在行动计划框架下开展的税制改革，都将不可避免地对我国税收制度产生影响。不论行动计划的最终结果如何，我国都面临接受新规则和履行国际义务的压力。但另一方面，国际税收改革也给我国带来了机遇。此前，延续近百年的国际税收规则，基本由发达国家主导制定，反映的是发达国家的利益与诉求。现在，中国和新兴经济体已经达到新的发展水平，可与各国以平等身份参与新规则制定的各项工作。我们应把握机遇，积极参与，切实维护好自己的税收权益。

表 6.1　　　　BEPS 行动计划一览表

按内容性质分类	行动计划	执行标准	主要内容
应对数字经济挑战	数字经济（第 1 项行动计划）	最佳实践	应对数字经济下，现行国际税收规则所存在的问题
一致性：协调各国企业所得税制	混合错配安排（第 2 项行动计划）	最佳实践	针对国家间税制不协调导致的同一税源双重或多重不征税等问题
	受控外国公司规则（第 3 项行动计划）	最佳实践	针对纳税人将利润转移至低税国（地区）受控外国公司，从而导致利润滞留或利润转移的问题
	利息扣除（第 4 项行动计划）	最佳实践	针对利用利息支出和金融工具交易避税的问题
	防止有害税收竞争（第 5 项行动计划）	最低标准	对优惠制度提出实质性要求，消除或限制国家间的不当税收竞争
实质性：重塑现行税收协定和转让定价国际规则	防止税收协定滥用（第 6 项行动计划）	最低标准	防止不当授予的税收协定优惠
	常设机构（第 7 项行动计划）	共同方法	应对规避常设机构构成的行为
实质性：重塑现行税收协定和转让定价国际规则	无形资产、风险和资本以及其他高风险交易（第 8 至 10 项行动计划）	共同方法	应对关联企业间通过无形资产、风险和资本的操纵将利润转移至低税国（地区）的避税行为

续表

按内容性质分类	行动计划	执行标准	主要内容
透明度：提高税收透明度和确定性	数据统计分析（第 11 项行动计划）	辅助工具	构建相关数据收集和分析指标体系，以估算 BEPS 行为的规模和经济影响
	强制披露原则（第 12 项行动计划）	最低标准	帮助各国设计税收筹划方案披露机制
	转让定价同期资料（第 13 项行动计划）	最低标准	制定转让定价同期资料通用模版，提高税收透明度并减轻纳税
	争端解决（第 14 项行动计划）	最低标准	建立更为有效的争议解决机制，加强争端解决机制的效力
国家间政策协调及征管协作	开发多边工具（第 15 项行动计划）	辅助工具	研究制定多边协定，加快相关政策落地

6.5.4　对我国的启示

我国自改革开放以来，相当长时期内把对外开放的重心放在吸引外资上，使我国连续多年成为吸引外商直接投资最多的发展中国家。进入 21 世纪后，随着企业“走出去”及“一带一路”建设的深入开展，我国对外投资迅速发展，并且对外投资量于 2014 年首次超过吸引外资规模。与此同时，随着电子商务的发展及无形资产的增长，我国的国际税收管理任务更加复杂和艰巨。在此背景下，为积极应对各项挑战，本文认为我国可以从以下几点着手。

第一，积极参与国际税收协调工作，争做国际规则的制定者。

现阶段，国际社会携手合作共同应对跨国公司利润转移与税基侵蚀挑战，各项行动计划需要各国之间协调完成，中国不能置身事外。我们应积极参与 OECD 的各项税务合作工作，做国际规则的参与者与制定者，确保建立合理公正的国际税收新规则。比如，针对无形资产的收益划分，如果跨国公司在中国的子公司根据无形资产创造了实质性的价值，那么无论谁拥有该无形资产的法律所有权，我们也应享有该项无形资产一定的经济收益权。在国内立法实施 BEPS 各项行动计划方面，我们应同国际社会携手完成相关后续工作，履行国际承诺，在维护国家利益的基础上，尽量与国际社会协调一致。

第二，以共建“一带一路”为契机，推动我国国际税收制度优化升级。

现阶段的中国正在经历“从资本输入到资本输出”“从要素驱动到创新驱动”“从世界工厂到世界市场”“从创造现代化到全价值链现代化”四个现代化变革（廖体忠，2015）。因此，中国应以共建“一带一路”为契机，推动我国国际税收制度优化升级，在发展中不断完善，确保为经济发展提供透明公正、健全高效的税收制度体系。具体来说，在税收征管方面，我们可同共建“一带一路”国家互助合作、统筹融合，共享税源信息、共建税收透明机制；积极商定评估跨国公司的职能管辖与划分，在各国之间建立良好的税收互动，打造利益共同体、命运共同体。此外，相关部门应及时整理发布 BEPS 动态，加强税务管理的规范化，提高工作效率，为企业“走出去”保驾护航。

第三，用发展的眼光，理性看待两种税制。

一方面，OECD 仍旧坚持独立交易法，但鉴于其成员大多来自欧盟，因此，BEPS 行动计划不仅代表欧盟对公式分摊法的支持，还可能影响国际社会对公式分摊法的态度，未来，独立交易法与公式分摊法在国际税收领域的地位趋势变得不明朗；另一方面，随着我国近几十年的飞速发展，我们也拥有了大量大型跨国公司，未来，其数量与规模也会不断发展变化，因此，我们不宜武断哪种税制是有利的或不利的，应该以发展的眼光，理性对待两种税制的优缺点。除了美国、加拿大等发达国家，部分发展中国家，如巴西，也开始应用公式分摊法。总之，无论我国在中长期是否采用，我们都应该对公式分摊法保持清晰深入的研究，充分认识到公式分摊法的价值，以“借鉴公式分摊法、完善独立交易法”为方向，切实维护好“走出去”企业的利益及我国税基份额。

第四，培养专业人才，强化反避税管理。

随着跨国公司在经济全球化大背景下的发展，独立交易法的具体实施规则变得日益复杂。且一直以来，作为发展中国家，中国在应对数字经济与无形资产转移定价问题方面并无优势，缺乏转移定价的管理能力。然而，这些恰恰是跨国公司利润转移与税基侵蚀的高发地。因此，我们应该重点培养精通会计、税法、财务管理等跨专业知识和经验的复合型人才，进一步提高税务管理部门整体的业务能力，加强对税务机关反避税能力的构建，以更好应对日益复杂严峻的国际税收问题。

6.6 本章小结

本章对目前国际上主流的跨国公司税基分摊机制，即独立交易法与公式分摊法进行对比分析，结论表明，在控制跨国公司利润转移与跨境避税方面，公式分摊法并不一定优于独立交易法。

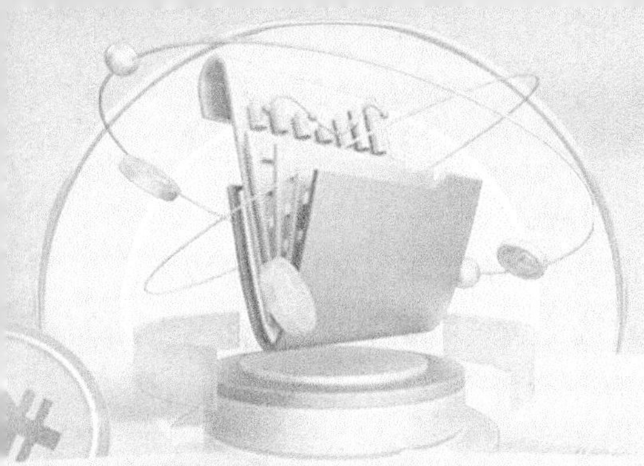

第7章 结论与展望

7.1 主要结论

本文通过对跨国公司海外投资选址、市场进入模式选择以及利润转移行为进行分析，得到以下几点结论。

第一，本文分析了垂直相关市场中，政府之间对FDI的政策竞争及其福利效应。利用非对称两国模型，假设两国各拥有一家上游企业及一体化企业。结论表明，跨国公司的选址取决于竞争效应、共谋效应以及政府补贴政策的共同作用。其中，共谋效应是指，在垂直相关市场中，当下游企业向其竞争对手购买某种重要的中间产品时，由于企业在最终产品市场的行为会影响来自中间产品市场的利润，因此，企业之间会有动机进行共谋，降低最终产品市场的竞争，提高市场均衡价格，从而两企业都可以获得更高的利润。竞争效应是指，跨国公司在不存在其他竞争者的市场环境里，从生产运营中获得收益，即企业作为当地市场唯一的生产者，它将从竞争较低的市场环境中获益。税收竞争既有可能使社会福利提高，也有可能使社会福利降低。

第二，运用双寡头竞争模型，本文研究了企业所有权结构对市场进入模式选择的影响。我们尽量简化模型的设定，来说明最主要的问题。本文假定无论是古典企业还是现代企业，都面临一样的运输成本、生产成本以及FDI需要的一次性固定成本，以保证不同情况的差别只在企业的组织形式方面，从而分析其对企业进入模式的影响。结论是：在数量竞争情况下，两权分离的现代企业要比古典企业更容易选择FDI；而在价格竞争情况下，现代企业比古典企业更容易选择出口。在扩展模型里，我们考虑了经营者激励内生化的情况及外国企业所有权模式的影响，并得到与基本模型一致的结论。

第三，跨国公司进行海外投资，在东道国设立子公司，不仅可以节省成本，还可以获得进行利润转移的机会。因此，与 FDI 选址传统文献不同，本文发现，即使东道国没有市场规模等优势，跨国公司也有可能进行投资，以实现利润转移动机。

第四，本文利用寡头竞争模型，分析了公平交易原则税基保护的有效性及其对消费者福利、社会福利的影响。在模型中假定，跨国公司同时向其关联企业及竞争对手提供中间产品。在无公平交易原则约束时，跨国公司将选择最优的转移价格来同时实现其利润转移与战略性竞争动机。而在公平交易原则约束下，跨国公司必须选择相同的内部转移价格与外部交易价格。结论表明，旨在保护税基的公平交易原则，可能反而会为跨国公司创造更多的避税机会，使消费者福利降低、税基减小、社会福利降低。

第五，通过对独立交易法与公式分摊法的对比分析，我们得到结论，在控制跨国公司利润转移与防止税基侵蚀方面，公式分摊法并不一定优于独立交易法，并且可能导致社会福利下降。

7.2 研究启示与政策建议

7.2.1 跨国公司海外投资与 FDI 竞争

对于国家（地区）之间“企业竞拍战”（Bidding warforfirms）的福利影响，学术界一直存在争论。FDI 竞争的支持者认为，税收协调（Tax coordination）应该像垄断一样被抵制，而 FDI 竞争的反对者认为，税收竞争（Tax competition）会带来市场扭曲，造成无谓损失（马捷，2012）。本文的结论则表明，在 FDI 竞争中，当一国比较优势较强，即两国非对称性较显著时，FDI 竞争将会提高社会福利，此时，税收竞争是更有利的；而当一国比较优势较弱，即两国非对称性不那么显著时，FDI 竞争将会使社会福利降低，此时，税收协调是更有利的。

7.2.2 跨国公司利润转移与公平交易原则

本文研究发现，基于完全竞争假设的公平交易原则在不完全竞争市场中实施，其旨在保护税基，反而可能导致税基减小、社会福利降低。换句话说，公平交易原则并不必然能够保护税基并增进社会福利。此外，本文结论还表明，公平交易原则会降低跨国公司进行海外投资的积极性。公平交易原则导致的这种负面效应，会随着贸易成本的下降及市场中的企业数目增加而减小。上述结论的政策含义为，公平交易原则的实施与一国产业政策，如促进竞争、降低企业市场势力、贸易自由化等相协调，也许会得到更好的效果。

7.2.3　跨国公司税基分摊机制与国际税制改革

经济全球化的深入使现行的独立交易法受到越来越严峻的挑战，而共建“一带一路”的推进更是对我国国际税制提出了新要求。本文通过分析 OECD 之 BEPS 行动计划与欧盟之 CCCTB 提案的最近进展，认为我国应积极参与国际税收协调工作，争做国际税收规则的制定者；以共建“一带一路”为契机，借鉴公式分摊法、完善独立交易法，以促进我国国际税制优化升级。我们要培养专业人才，加强反避税能力构建，切实维护好“走出去”企业的利益与我国的税基份额。

7.3　本文的理论贡献

本文的研究在学术上可能有重大的理论贡献潜力，具体反映在以下几方面。

第一，在跨国公司海外投资选择与 FDI 竞争研究中，与以往文献专注于水平市场的研究不同，本文考虑了更加符合现实世界的垂直相关市场。并且，本文研究了垂直相关市场中，共谋效应对跨国公司选址的影响；涉及垂直相关市场中，一种没有被太多关注的现象，即有时下游企业会向其竞争对手购买重要的中间产品；发现了共谋效应对跨国公司投资选址的影响，丰富了跨国公司投资选址及政府 FDI 竞争的文献。

第二，在跨国公司市场进入模式选择的分析中，虽然该课题的研究文献非常丰富，但以往文献皆是针对所有权与经营权未分离企业的分析，而本文考虑了两权分离对市场进入模式选择的影响。在 Brainard（1993）就近 – 集中权衡基础上，引入新的权衡因素，考虑了所有权与经营权分离时的战略效应影响，增加了企业进行市场进入模式决策时的选择集，从企业自身另一个角度分析了影响其市场进入模式的因素。

第三，关于跨国公司利润转移与转移定价原则的分析，不仅在国际上属于较新的领域，国内相关文献更是匮乏。因此，本文的首要理论贡献是弥补了国内相关课题领域的空白。并且，研究发现，基于完全竞争假设的公平交易原则并不必然能够保护税基并增进社会福利；本文还发现了公平交易原则导致市场扭曲的新来源——转移价格的战略性效应。

7.4 研究局限与未来方向

本文的研究还存在一定的不足。在理论建模中，为了突出重点，本文采取了简化的模型。首先，在跨国公司市场进入模式选择的分析中，我们只考虑了出口与 FDI 的模式。我们知道，跨国公司进入海外市场除了绿地投资，还包括兼并收购等模式，本文并没有考虑。其次，在跨国公司转移定价与公平交易原则的分析中，本文发现，公平交易原则并不必然能够保护税基并增进社会福利。那么，更优的转移定价规则应该是什么样的？我们认为，这是未来研究中的一个重要问题。最后，本文从一些案例入手，基于理论建模进行分析。那么，如我国的跨国公司利润转移与税基侵蚀现状到底有多严重？这也是一个非常有趣且有意义的研究，也是我们接下来要进行的工作。

主要参考文献

[1] 白思达，储敏伟. 商品贸易中的转让定价与税基侵蚀：来自我国对外投资企业的实证检验［J］. 世界经济研究，2017（9）：78－86.

[2] 邓力平，陈涛. 国际税收竞争研究［M］. 北京：中国财政经济出版社，2004.

[3] 马捷. 战略性经营者激励选择与国际市场份额竞争［J］. 经济研究，2000（8）：46－55.

[4] 马捷，段颀，张维迎. 所有权与经营权分离情况下的自由进入均衡［J］. 经济研究，2013（48）：120－130.

[5] 马捷，岳阳，段颀. 市场规模、利润侵蚀和争取多产品跨国企业的政策竞争［J］. 经济研究，2012（2）：106－119.

[6] 马伟，刘茵莹，黄宗寅. 对BEPS行动计划应用实践的思考［J］. 国际税收，2017（3）：52－56.

[7] 鄂立彬. 转让定价视角下的我国企业对外投资战略博弈［J］. 数学的实践与认识，2013，43（5）：65－72.

[8] 付红艳，刘强. FDI政策竞争、跨国公司投资决策与企业创新［J］. 产业组织评论，2013，7（2）：1－15.

[9] 李传志，叶民强. 跨国公司转让定价博弈分析［J］. 山西财经大学学报，2008（1）：120－122.

[10] 刘奇超，曹明星. 地域性特殊优势之“市场溢价”理论透视：由来、定位、实践与未来趋向［J］. 中央财经大学学报，2016（3）：22－32.

[11] 廖体忠. 国际税收合作迎来明媚阳光——在新的经济背景下解读BEPS行动计划成果［J］. 国际税收，2015（10）：6－11.

[12] 曲晓辉，杨金忠. 跨国集团公司转让定价策略的实证分析——兼论我国转让定价管理的问题及对策［J］. 国际贸易问题，1999（6）：16－22.

[13] 姚蕾蕾. 跨国公司的转移价格［J］. 东北财经大学学报，2003（4）：61－62.

[14] 谢申祥，王孝松. 不对称市场、技术获取与FDI的区位选择［J］. 世界经

济研究，2011（11）：63－68＋89.
［15］杨斌. 关联企业转让定价及调整方法概述——美国和OECD转让定价规则比较研究之一（上）［J］. 涉外税务，2001（10）：31－36.
［16］杨斌. 关联企业转让定价及调整方法概述——美国和OECD转让定价规则比较研究之一（下）［J］. 涉外税务，2001（11）：28－30.
［17］杨斌. 跨国公司转让定价避税效应和政府防避税对策研究［J］. 财贸经济，2003（7）：16－21.
［18］叶莉娜. 常设机构利润归属：独立交易法VS公式分摊法［J］. 税收经济研究，2012，17（3）：68－74.
［19］叶莉娜. 美国转移定价之最优法规则评析与借鉴［J］. 国际商务研究，2014，35（2）：65－72.
［20］赵晋琳. 转让定价中公平交易原则与交易净利润法［J］. 中南财经政法大学学报，2009（4）：131－134.
［21］张泽平. BEPS行动计划对我国国内税收立法的影响及应对——以打击有害税收实践行动方案为视角［J］. 国际税收，2015（6）：28－31.
［22］张泽平，叶莉娜. 国际税基划分视野下的无形资产转让定价规则［J］. 现代法学，2016，38（2）：137－148.
［23］Amerighi O, Peralta S. The proximity-concentration trade-off with profit shifting［J］. Journal of Urban Economics, 2010, 68(1): 90－101.
［24］Antras P. Firms, contracts, and trade structure［J］. Quarterly Journal of Economics, 2003, 118(4): 1375－1418.
［25］Antras P. Incomplete contracts and the product cycle［J］. American Economic Review, 2005, 95(4): 1054－1073.
［26］Antras P, Staiger W R. Offshoring and the role of trade agreements［J］. The American Economic Review, 2012, 102(7): 3140－3183.
［27］Antras P, Staiger W R. Trade Agreements and the Nature of Price Determination［J］. The American Economic Review, 2012, 102(3): 470－476.
［28］Barros P P, Cabral L. Competing for Foreign Direct Investment［J］. Review of International Economics, 2000, 8(2): 360－371.
［29］Bartelsman J E, Beetsma M R. Why pay more? Corporate tax avoidance through transfer pricing in OECD countries［J］. Journal of Public Economics,

2003, 87(9): 2225-2252.

[30] Bauer J C, Langenmayr D. Sorting into outsourcing: Are profits taxed at a gorilla's arm's length? [J]. Journal of International Economics, 2013, 90(2): 326-336.

[31] Bauer J C, Langenmayr D. Sorting into outsourcing: Are profits taxed at a gorilla's arm's length? [J]. Journal of International Economics, 2013, 90(2): 326-336.

[32] Bhaumik K S, Driffield N, Pal S. Does ownership structure of emerging-market firms affect their outward FDI? The case of the Indian automotive and pharmaceutical sectors [J]. Journal of International Business Studies, 2010, 41(3): 437-450.

[33] Bjorvatn K, Eckel C. Policy competition for foreign direct investment between asymmetric countries [J]. European Economic Review, 2005, 50(7): 1891-1907.

[34] Chen Y, Ishikawa J, Yu Z. Trade liberalization and strategic outsourcing [J]. Journal of International Economics, 2004, 63(2): 419-436.

[35] Choe C, Matsushima N. The arm's length principle and tacit collusion [J]. International Journal of Industrial Organization, 2013, 31(1): 119-130.

[36] Clausing A K. Tax-motivated transfer pricing and US intrafirm trade prices[J]. Journal of Public Economics, 2003, 87(9): 2207-2223.

[37] Commission of the European Communities, Company Taxation in the Internal Market, Brussels [SEC(2001)1681], 2001a.

[38] Commission of the European Communities, Towards an Internal Market without Tax Obstacles, Brussels [COM(2001)582 Final], 2001b.

[39] Keuschnigg C, Devereux P M. The arm's length principle and distortions to multinational firm organization[J]. Journal of International Economics, 2013, 89(2): 432-440.

[40] Eden L. Taxing Multinationals: Transfer Pricing and Corporate Income Taxation in North America [M]. Toronto: University of Toronto Press, 1998.

[41] Egger P, Eggert W, Keuschnigg C, et al. Corporate taxation, debt financing and foreign-plant ownership [J]. European Economic Review, 2010, 54(1):

96-107.

[42] European Commission, Proposal for a Directive on a Common Consolidated Corporate Tax Base(CCCTB), COM(2011)121/3, Brussels, 2011.

[43] Fumagalli C. On the welfare effects of competition for foreign direct investments [J]. European Economic Review, 2003, 47(6): 963-983.

[44] Grossman M G, Helpman E. Integration versus Outsourcing in Industry Equilibrium [J]. The Quarterly Journal of Economics, 2002, 117(1): 85-120.

[45] Helpman E, Melitz J M, Yeaple R S. Export versus FDI with Heterogeneous Firms [J]. The American Economic Review, 2004, 94(1): 300-316.

[46] Janeba E, Smart M. Is Targeted Tax Competition Less Harmful than its Remedies? [J]. International Tax and Public Finance, 2003, 10(3): 259-280.

[47] Keen M, Konrad A K. The Theory of International Tax Competition and Coordination [J]. Handbook of Public Economics, 2013, 5257-328.

[48] Ma J. Market Size, Local Sourcing and Policy Competition for Foreign Direct Investment [J]. Review of International Economics, 2013, 21(5): 984-995.

[49] Melitz J M. The Impact of Trade on Intra-Industry Reallocations and Aggregate Industry Productivity [J]. Econometrica, 2003, 71(6): 1695-1725.

[50] Milliou C. Location for Foreign Direct Investment in Vertically Related Markets [J]. Review of International Economics, 2014, 22(2): 326-341.

[51] Neary P J. Foreign Direct Investment and the Single Market [J]. The Manchester School, 2002, 70(3): 291-314.

[52] Neary P J. Trade costs and foreign direct investment [J]. International Review of Economics and Finance, 2008, 18(2): 207-218.

[53] Nielsen B S, Raimondos–Møller P, Schjelderup G. Formula Apportionment and Transfer Pricing under Oligopolistic Competition [J]. Journal of Public Economic Theory, 2003, 5(2): 419-437.

[54] Nielsen B S, Raimondos–Moller P, Schjelderup G. Taxes and Decision Rights in Multinationals [J]. Journal of Public Economic Theory, 2008, 10(2): 245-258.

[55] Nielsen B S, Raimondos-Møller P, Schjelderup G. Company taxation and tax spillovers: Separate accounting versus formula apportionment [J]. European

Economic Review, 2009, 54(1): 121-132.

[56] Ornelas E, Turner L J. Trade liberalization, outsourcing, and the hold-up problem [J]. Journal of International Economics, 2007, 74(1): 225-241.

[57] PROTECTION AND INTERNATIONAL SOURCING [J]. The Economic Journal, 2012, 122(559): 26-63.

[58] Peralta S, Wauthy X, Ypersele V T. Should countries control international profit shifting? [J]. Journal of International Economics, 2005, 68(1): 24-37.

[59] Spencer J B. International outsourcing and incomplete contracts [J]. Canadian Journal of Economics/Revue canadienne d'économique, 2005, 38(4): 1107-1135.

[60] Swenson L D. Tax Reforms and Evidence of Transfer Pricing[J]. National Tax Journal, 2001, 54(1): 7-25.

[61] Tirole, J. , The Theory of Industrial Organization, MIT Press, Cambridge: MA, 1988.

[62] Wang X. Tax evasion, tax competition and gains from nondiscrimination with equilibrium mixed strategies [J]. Economics Letters, 2003, 83(3): 377-381.

附录 A　正文 5.3.2.4 中涉及的数值模拟

令 $t_h = 0.3$， $b = 0.5$，通过数值模拟，得到图 A－1、图 A－2、图 A－3、图 A－4。在数值模拟中，与 5.3.2.3 相同，消费者福利计算公式为 $CS = q_1 + q_2 - \frac{1}{2}(q_1^2 + q_2^2 + 2bq_1q_2) - p_1q_1 - p_2q_2$，外国政府税收计算公式为 $R_f = t_f[(p_1 - m_1)q_1 + (p_2 - m_2)q_2]$，以及社会福利计算公式为 $W_f = CS + R_f + \pi_2$。其中，$\pi_2 = (1 - t_f)(p_2 - m_2)q_2$。

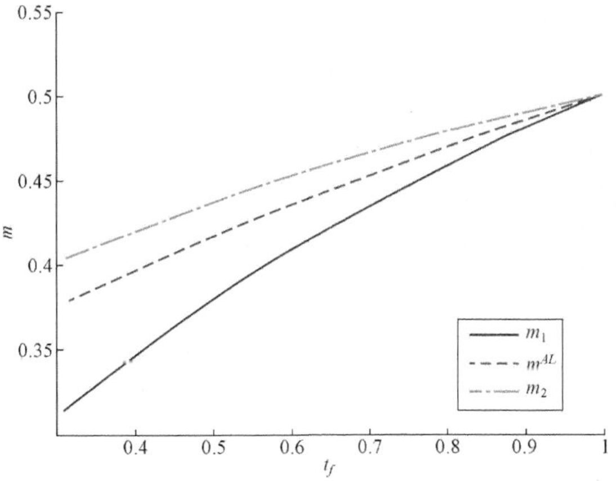

图 A－1　公平交易原则使内部转移价格提高、外部交易价格降低

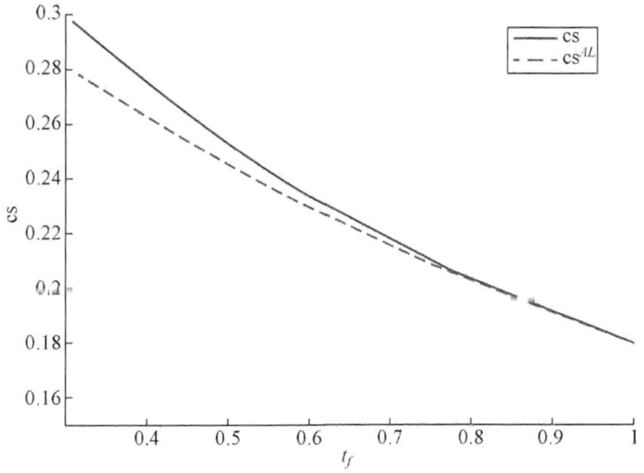

图 A－2　公平交易原则使消费者福利下降

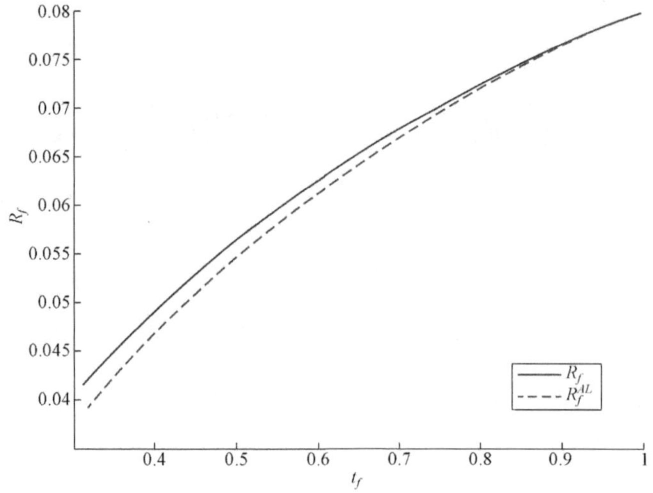

图 A-3　公平交易原则使政府税收降低

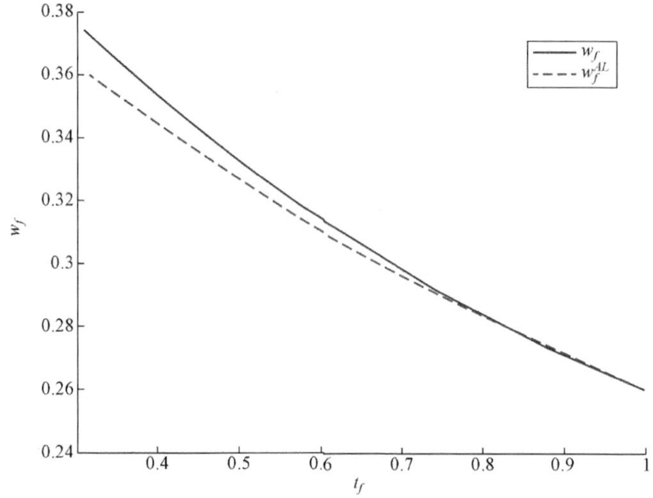

图 A-4　公平交易原则使社会福利降低

附录 B　正文 5.3.3 中涉及的数值模拟

令 $t_h=0.3$，$b=0.5$，通过数值模拟，得到图 B－1、图 B－2、图 B－3、图 B－4。在数值模拟中，与 5.3.3 相同，消费者福利计算公式为 $CS=q_1+q_2-\frac{1}{2}(q_1^2+q_2^2+2bq_1q_2)-p_1q_1-p_2q_2$，外国政府税收计算公式为 $R_f=t_f[(p_1-m_1)q_1+(p_2-m_2)q_2]$，以及社会福利计算公式为 $W_f=CS+R_f+\pi_2$。其中，$\pi_2=(1-t_f)(p_2-m_2)q_2$。

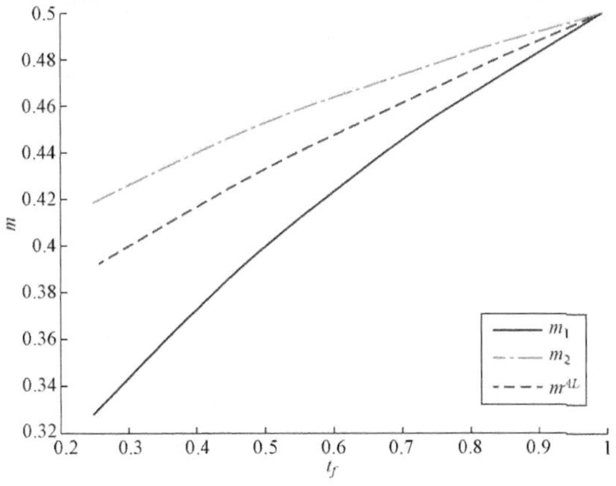

图 B－1　公平交易原则使内部转移价格上升、外部交易价格下降

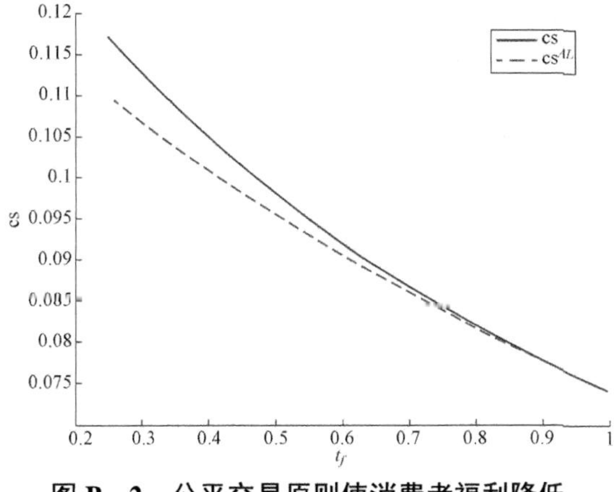

图 B－2　公平交易原则使消费者福利降低

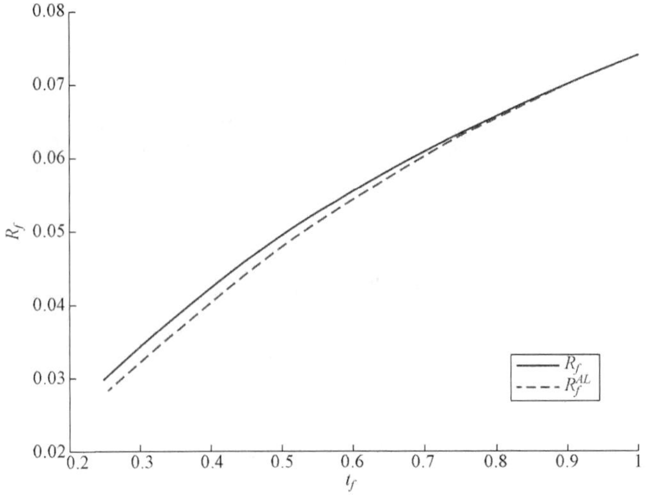

图 B-3　公平交易原则使政府税收降低

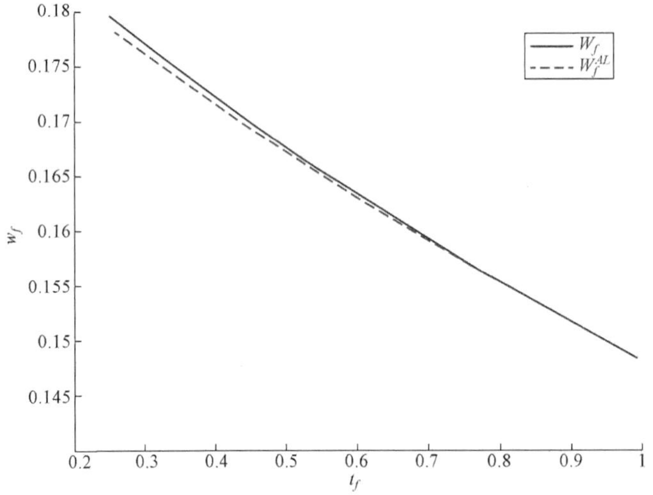

图 B-4　公平交易原则使社会福利降低

致　谢

毕业论文终于进入尾声，这意味着我在惠园六年的时光也将告一段落。从二十二岁刚进入惠园的青春年华，到即将完成博士学业的近而立之年，在这流动的季节之间，是母校给予了我知识和成长，是离别，亦是怀念。我深知一路走来，每一点成长和收获都是来自诸多亲朋好友的帮助，然而一篇致谢太短，记不下帮助我的每一个人，说不尽感恩之心，在此述说微不足道的谢意，以记录求学时光的历程与幸运。

首先要感谢我的导师马捷老师对我的悉心培养和耐心帮助，是导师为我指出“跨国公司海外投资”这样一个研究方向，也是他给我传授了国际贸易与产业组织理论的知识，使我有了明确的目标和努力的方向。如果没有他领我入门，很难想象我能顺利地完成博士阶段的学习。感谢导师将我推荐出国，使我有了一次前往哥本哈根商学院和昆士兰科技大学交流学习的机会。感谢导师在我学业压力之时的帮助与鼓励，如何面对困难的谆谆教导，学生毕生难忘。导师在学术研究中纯粹、一丝不苟的学者精神，为人正直、心胸豁达的人生哲学，学生若能学得一二，便不负五年光阴。

感谢昆士兰科技大学 Pascalis Raimondos 教授，在访学期间对我的教导和帮助。他是一位非常热心友善的学者，从逐词逐句帮我修改论文，到给予人生建议，从他那里我学到很多。感谢一桥大学 Jota Ishikawa 教授，他与 Pascalis 老师给予了我一次与两位国际知名教授合作的宝贵机会。感谢日本中央大学 Komoriya Yoshimasa 老师，从适应国外生活到学术研究，亦师亦友，他给予我很多帮助。

感谢经贸学院曹小勇老师、李建培老师、龚炯老师、崔凡老师、张锦老师，对我学习的指导、建议与帮助。感谢保险学院刘庆彬老师，推荐我赴日本国立横滨大学进行交流。感谢日本国立横滨大学 Parsons Craig 老师，邀请我进行学术报告并提供宝贵的建议。

感谢赵一林、孙乾坤、邓兴华、王聪、冯路、欧阳耀福等同学，提供关于学术研究的建议和帮助；感谢室友洪朝伟、卞金鑫，同学徐鹤泷、寇埻、李大夜、马喜立，有幸一同求学，使我收获了宝贵的友谊，好友们也是我学习之路上的榜样。

最后，我要把论文献给我的父亲母亲，特别感谢他们以及家中诸位亲人对我的支持和爱。异地求学，十年之中，陪伴父母的时间屈指可数，然而家中父母劳苦，每想至此，便心有愧意。我还要特别感谢最亲爱的奶奶，成长路上，她给予我无微不至的照顾和无限的疼爱。感谢最亲爱的妹妹在成长路上的陪伴。有了他们，我才有了一个温暖幸福的家，他们的爱和支持是我一路走来最坚强的后盾。感谢所有的亲人，愿他们安康、快乐。

信书至此，往事历历在目，有花开花落，也有悲欢离合，不禁动情，感激涕零，不知所言。

求学之路未尽，前路仍多艰辛。望顺境中，迎高潮而快上，乘顺风而勇进；逆境中，处低谷而力争，受磨难而奋进。是为自勉。

以上内容是博士论文的致谢部分，写于 2018 年 3 月 12 日。2023 年 3 月 1 日，收到母校的通知，于 2021 年申报的博士学位论文出版资助获批。我将消息第一时间告诉了导师并请他为本书作序，导师欣然应允。重回学校找导师指导论文，他依然那么认真耐心，仿佛又回到了校园时光，殊不知已毕业三五年，恍惚间感慨时间飞逝，令人唏嘘。

此次论文出版，首先要感谢母校的资助和导师的指导和支持。此外，还要衷心感谢曹小勇教授、李建培教授和龚炯教授，他们给了我很多鼓励和帮助，并应邀专门给学校写了推荐信。

感谢对外经济贸易大学出版社王延新老师，研究生院周晶晶老师，感谢老师们的耐心指导和周到安排，使论文得以顺利出版。

张晓燕

2023 年 6 月 5 日于金融街